W0287393

40 expériences en sciences faciles à réaliser

PASCAL CHAUVEL

GS • CP • CE1

RETZ
www.editions-retz.com
9 bis, rue Abel Hovelacque
75013 Paris

ISBN : 978-2-7256-3053-3

FSC
www.fsc.org
MIXTE
Papier issu de
sources responsables
FSC® C022030

Sommaire

Croissance chez les animaux et les végétaux

Nutrition et régime alimentaire des animaux

Les êtres vivants et leur environnement

Règles d'hygiène et de sécurité (personnelles et des autres)

III. Découvrir le monde de la matière

Distinguer les solides et les liquides

Introduction

Cet ouvrage s'adresse aux professeurs des écoles, non spécialistes mais désireux d'enseigner les sciences de manière active, à partir d'expériences ou d'activités ludiques et simples à réaliser.

Les quarante activités sont réparties selon les quatre grands domaines du programme en découverte du monde au cycle 2. Au sein de chaque partie, elles sont regroupées suivant les notions proposées dans ce programme.

Les expériences vont permettre aux élèves d'acquérir de nombreuses compétences nécessaires à leur éveil scientifique : découvrir leurs premières notions en découverte du monde, élaborer une démarche scientifique simple, inventer ou suivre un protocole expérimental, s'organiser, observer, réaliser des schémas scientifiques, faire une recherche à la bibliothèque ou sur Internet... Au sein de ces expériences se profile une démarche scientifique qui comprend :

- l'observation et l'exploration spontanées, la verbalisation des premières découvertes ;
- le questionnement guidé par l'enseignant et la formulation d'hypothèses ;
- les investigations menées par les élèves, aidés ou non de l'enseignant (manipulation, utilisation d'instruments, observations de documents...) ;
- les résultats et conclusions, reportés dans un tableau, sur une illustration donnée ou schématisés par un dessin (et si possible consignés dans un carnet d'expériences).

Ainsi, toutes les compétences scientifiques du « socle commun de compétences » pourront être évaluées.

Nous avons également signalé certaines compétences « transversales » à évaluer en mathématiques, en français et en instruction civique et morale, lorsque les activités s'y prêtent.

En voici le détail :

• Compétence 1 « La maîtrise de la langue française »

– Partie dire, item 2 : « Participer en classe à un échange verbal en respectant les règles de communication ».

– Partie lire, item 3 : « Lire seul et comprendre un énoncé, une consigne simple ».

• Compétence 3 « Les principaux éléments de mathématiques »

– Partie géométrie, item 1 : « Situer un objet par rapport à soi ou un autre objet, donner sa position et décrire son déplacement ».

– Partie grandeurs et mesures, item 1 : « Utiliser les unités usuelles de mesure ; estimer une mesure » ; item 2 : « Être précis et soigneux dans les mesures et calculs ».

– Partie organisation et gestion de données, item 1 : « Utiliser un tableau, un graphique ».

• Compétence 6 « Les compétences sociales et civiques »

– Partie « avoir un comportement responsable », item 1 : « Respecter les autres et les règles de vie collective » ; item 2 : « Pratiquer un jeu, un sport en en respectant les règles ».

Les activités, pratiques et faciles à mettre en œuvre, présentent :

– la notion du programme concernée ;

– les objectifs ;

– une liste du matériel nécessaire, peu coûteux et aisé à se procurer, souvent issu de la récupération ;

– quand cela est nécessaire, une synthèse rapide des connaissances et des notions à maîtriser par l'enseignant (avant de réaliser l'activité) ;

– un déroulement qui propose le protocole à suivre, les écueils à éviter lors de leur mise en place avec les enfants, des astuces, des schémas, des exemples de résultats obtenus dans les classes ;

– dans certains cas, des prolongements ou des variantes adaptées aux différents niveaux.

En fin d'ouvrage sont proposés :

– des **fiches à photocopier**, afin que les élèves gardent une trace écrite de leurs expériences ;

– un **glossaire** qui répertorie l'essentiel des mots définis dans l'ouvrage ;

– des **adresses utiles** pour se procurer du matériel spécifique (animaux, végétaux, objets technologiques...) ou obtenir des conseils nécessaires à la réalisation de certaines expériences.

I. Se repérer dans l'espace et dans le temps

Se repérer sur un plan

CP-CE1

Programme : Représentations simples de l'espace familier (l'école).

Objectif : Se repérer dans l'espace et sur un plan.

Matériel : Plan de l'école (un par petits groupes ou un par élève).

Compétence transversale à évaluer : Compétence 3 « Les principaux éléments de mathématiques et la culture scientifique et technologique » – « Situer un objet par rapport à soi ou à un autre objet, donner sa position, décrire son déplacement ».

• Déroulement

Toutes les écoles possèdent un plan où sont indiqués les voies d'évacuation, les extincteurs, les points d'eau. Il suffit de récupérer ce plan, de le photocopier (si possible au format A3) et de supprimer certains éléments à l'aide d'un « blanc », pour simplifier le plus possible sa lecture.

Préparer sur le côté du plan les légendes qui vont être utilisées (voir exemple illustré ci-après).

Repérage de la classe sur le plan

Une fois le plan distribué à chaque groupe (ou à chaque élève), inviter les enfants à repérer leur classe sur le plan de l'école. Pour cela, partir d'une zone facilement repérable sur le plan et visible du couloir (cantine, toilettes...) ou des fenêtres de la classe (cour de récréation, préau...).

Demander :

– au CP : de colorier en jaune la classe sur le plan ;

– au CE1 : d'écrire le nom de la classe et de l'enseignant.

Annoncer ensuite qu'il va falloir repérer les différentes salles dans l'école.

Repérage du plan de l'école

Inviter chaque groupe d'élèves à sortir et « revisiter » l'école, le plan à la main. Demander d'y repérer les différentes classes et parties communes.

Écrire le nom de chacune des classes et de l'enseignant pour les CE1 (classe de CM1, Madame X) ou utiliser un code pour chaque niveau pour les élèves de CP (formes géométriques ou pictogrammes simples).

Exemple :

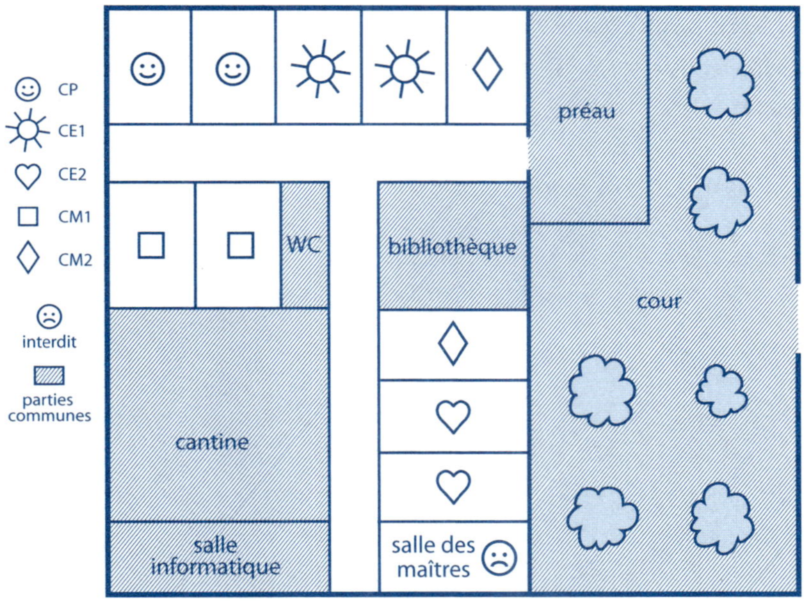

Les élèves ajoutent sur le plan le picto « défendu » (smiley qui fait la tête) au niveau des zones interdites et grisent les parties communes.

Remarque

Pour les écoles ayant un nombre de salles trop important, il est préférable de ne s'occuper que des classes et des dépendances qui sont à proximité de sa propre classe.

Évaluation

Au moment du repérage, vérifier que la compétence 3 (voir ci-dessus) est bien développée en faisant nommer les différentes parties les unes par rapport aux autres.

En outre, l'étude du plan, si possible en début d'année scolaire, permet à l'enfant de s'approprier son environnement, de s'y repérer rapidement. Il apprend à lire un nouveau type de document qui l'oblige à un effort d'imagination lui permettant de transformer une image plane en volume. Cette capacité est à évaluer tout au long des différents repérages.

• Prolongement

En fonction du temps accordé à la séquence et du niveau de la classe, ce travail supplémentaire peut être réalisé.

Faire colorier en vert les parties communes où les élèves peuvent se rendre (couloir, cantine, toilettes, salle informatique...) et en rouge celles qui sont interdites (salle des maîtres, bureau du directeur, cuisine, réserve...) et les autres classes. Les légendes correspondantes sont complétées sur le côté du plan.

Un parcours dans l'école

Fin de CP-CE1 / GS (variante)

Programme : Représentations simples de l'espace familier (l'école).

Objectifs :
- Se repérer sur un plan, s'orienter, se déplacer.
- Repérer des formes géométriques simples dans l'espace.

Matériel :
- Un plan de l'école (ou de la classe) par groupe d'élèves.
- 5 ou 6 repères représentant des formes simples dessinées sur des feuilles A4 (à dupliquer : pour l'affichage et pour chaque groupe).

Compétences transversales à évaluer (CP-CE1) :

- Compétence 3 « Les principaux éléments de mathématiques » – Partie géométrie : « Situer un objet par rapport à soi ou un autre objet, donner sa position et décrire son déplacement ».
- Compétence 6 « Les compétences sociales et civiques » – « Respecter les autres et les règles de vie collective » – « Pratiquer un jeu, un sport en en respectant les règles ».

Remarque préalable

Cette séquence permet d'approfondir l'étude sur le plan. Elle peut aussi être utilisée en application de séquences réalisées en mathématiques sur les formes.

Préparation

Tracer sur un plan de l'école un parcours sur lequel figurent cinq ou six points correspondant aux formes géométriques que les élèves vont découvrir sur leur trajet. Représenter ces formes simples (rond, carré, rectangle, triangle, losange) sur des feuilles A4 (voir exemple illustré ci-après).

Afficher chaque forme dans l'école aux endroits localisés sur le plan. Pour ne pas déranger les autres élèves, placer les affiches sur la porte des différentes classes.

Déroulement

Réalisation du parcours

Répartir les élèves par groupes de trois et distribuer à chaque trinôme le plan photocopié et les feuilles A4.

Demander aux élèves de suivre le parcours représenté sur le plan et d'y dessiner, en les localisant, les formes géométriques rencontrées sur leur trajet.

Exemple :

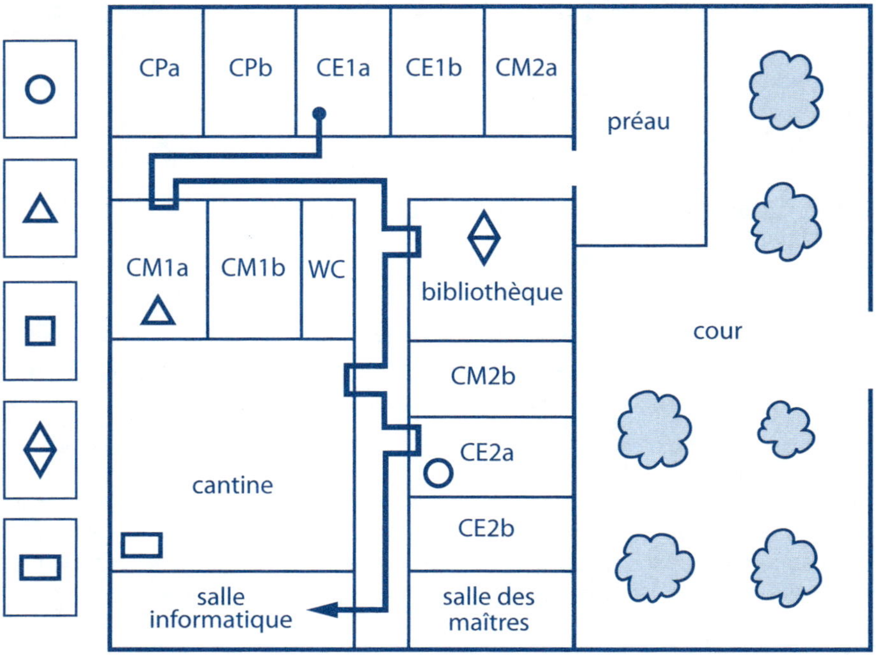

Les élèves dessinent sur le plan les formes découvertes au cours du trajet.
À gauche figurent les formes représentées sur des feuilles A4 et affichées sur les portes.

Remarque

Cette séquence doit se dérouler dans le calme et le silence afin de ne pas perturber le travail des autres classes. Pour cela, il est nécessaire de faire un rappel des règles devant être respectées au sein de l'école.

Évaluation

Les différents plans complétés sont mis en commun. Photocopier éventuellement un plan corrigé à distribuer à chaque élève pour conserver une trace écrite.

Il est également possible d'évaluer la compétence 6 présentée ci-dessus, correspondant au respect des règles à suivre.

• Variante pour les CE1

Ne pas représenter le trajet sur le plan. Les élèves le tracent eux-mêmes au fur et à mesure de leur déplacement ; leur préciser au début de la séquence les limites qu'ils ne doivent pas dépasser sur le plan.

Chaque fois qu'ils trouvent une forme, ils la représentent correctement sur leur plan. Ils écrivent à côté le nom de chaque forme observée.

• Variante pour les GS : Un parcours dans la classe

Compétence transversale : « En fin d'école maternelle, les enfants doivent être capables d'effectuer des itinéraires en fonction de consignes variées et en rendre compte (représentation graphique). »

Le principe est le même, mais les enfants de GS travaillent sur un espace plus restreint, celui de la classe. Sur le plan distribué figurent le tableau, le bureau du maître, les tables, le coin jeu... Les enfants repèrent quatre formes (un rond, un carré, un triangle et un rectangle) affichées dans la classe et doivent les localiser sur le plan, puis les dessiner.

Remarque

En GS, cette activité peut être regroupée avec l'expérience 1 (« Se repérer sur un plan ») lors d'une même séquence.

À la découverte des paysages

GS-CP

Programme : Formes usuelles de représentation de l'espace.

Objectifs :
- Apprendre à classer les différents paysages que l'on peut rencontrer en France.
- Trouver à quel type de paysage correspond l'environnement proche de l'école.

Matériel : Vidéos, photographies, cartes postales, images de magazines amenées par les enfants et l'enseignant montrant différents types de paysages en France (chaque document doit être numéroté) :
- Zones urbaines : avec immeubles, avec pavillons, mixtes, avec centre commercial.
- Ville avec centre-ville ancien, village, hameau.
- Paysages : de plaine, de plaine avec fleuve, de montagne, de forêt, vallonné, maritime, urbain (images de grandes villes vues du ciel).

Remarque préalable

Comme il risque d'être difficile de se procurer des images en nombre suffisant, il est préférable que ce type de séquence se déroule en salle informatique. De plus, chaque groupe d'enfants pourra travailler sur des images identiques. Pour s'assurer que les élèves manipulent bien l'outil, passer régulièrement de groupe en groupe.

Afin de faciliter le travail, il est conseillé de centraliser dans un fichier les différentes photographies, vidéos ou cartes postales scannées des paysages et de les numéroter. Le travail de classement s'effectuera, lui, à l'écrit.

On peut alors inclure, dans la séquence, la recherche du fichier dans le bureau de l'ordinateur, en donnant des consignes claires et précises sur le « chemin » à suivre. Cela pourra permettre de commencer à évaluer la compétence 4 du socle commun de compétences : « La maîtrise des techniques usuelles de l'information et de la communication » – « Commencer à s'approprier un environnement numérique ».

Déroulement

Étape 1

Dans un premier temps, les enfants observent les différentes images de paysages. Ils doivent en retirer les points communs et les regrouper par catégories de paysages. Ils retrouvent en gros celles décrites dans la partie « Matériel ».

Par exemple, pour le paysage maritime, les élèves vont regrouper ces types d'images : un port de pêche, une plage, un port industriel, des côtes rocheuses, une maison en bord de mer, un sentier côtier…

Pour le paysage de montagne, les images peuvent être : un village de montagne, une route de montagne enneigée, une station de ski, des animaux des montagnes en été (marmotte, chamois), une forêt de sapins, des alpinistes gravissant un pic…

Étape 2

Inviter les élèves à trouver le paysage qui correspond le mieux à l'endroit où ils vivent.

Ils associent ensuite ce paysage au type d'urbanisation : l'école est-elle dans un village, une grande ville… ?

Ils disposent la photo d'urbanisation qui correspond le mieux sur celle du paysage (si la séquence se déroule en salle informatique, ils précisent le numéro des images).

Étape 3

Puis, en fonction des objectifs que l'on s'est fixés, il est possible par exemple de :

– classer les photos de ville, village, hameau dans l'ordre croissant ou décroissant du nombre d'habitants (notion de « plus que », « moins que ») ;

– retrouver à quel paysage et quel urbanisme correspond une vidéo observée.

Trace écrite

Les élèves dessinent un type de paysage par catégorie : ville, mer, montagne, plaine.

Ils dessinent leur école dans son environnement urbain : ville (avec grands immeubles par exemple), village (avec deux ou trois maisons et une mairie), hameau (avec une ou deux maisons).

Repérer la France sur différents supports

CP-CE1

Programme : Formes usuelles de représentation de l'espace.

Objectif : Apprendre à repérer la France sur différents supports en 2D ou 3D.

Matériel :
- Cartes météo et images satellites observées en salle informatique ou présentées au vidéoprojecteur.
- Planisphères, globes, mappemondes, cartes du monde.
- Cartes de l'Europe.
- Cartes des départements et des régions.
- Cartes gastronomiques...

● Déroulement

Étape 1

Une carte géographique de la France est affichée au tableau sans aucun commentaire.

Demander aux enfants ce que cela représente et où ils ont déjà vu ce type de représentation (météo à la télévision, atlas, jeux éducatifs...). Inviter à dégager les critères (forme, mer et océans visibles) qui permettent de reconnaître la France.

Pour les élèves qui la découvrent, les amener à bien mémoriser la forme de la France en signalant les contours les plus significatifs (pointe de la Bretagne...).

Étape 2

Une carte de l'Europe leur est ensuite présentée. Ils sont invités à y retrouver la France.

Leur faire remarquer qu'il existe deux types de « limites » permettant de tracer le contour de la France :

- les côtes, limites naturelles qui sont en contact avec les zones bleues représentant océans et mers ;

– les frontières, qui sont en contact avec d'autres couleurs et qui représentent des limites souvent artificielles, parfois naturelles (fleuves, montagnes) avec les pays voisins.

Étape 3

L'ensemble des supports – cartes du monde (politique, géographique...), images satellites, mappemondes – est réparti dans la classe.

Par groupes de deux ou trois, les enfants circulent dans la classe et doivent y retrouver la France. Ils ont en main, pour mémo, une carte de la France.

Pour chaque support, un enfant est ensuite désigné pour y localiser la France devant toute la classe.

Trace écrite

Une carte de la France est distribuée à chacun. Les élèves écrivent son nom, passent en rouge les contours et colorient les mers et l'océan en bleu (il est possible d'utiliser la carte de l'annexe 1, p. 137).

• Prolongement

Ce type d'exercice relatif à la mémorisation d'une forme, ici celle de la France, peut être réalisé en étudiant la forme d'autres pays.

Par exemple, il est possible de parler de l'origine des différents élèves de la classe et de repérer ces pays d'origine sur les supports.

Reformer alors les groupes de trois élèves (ou en former de nouveaux). Un pays est attribué à chaque groupe qui devra le localiser sur chaque support et le présenter ensuite à l'ensemble de la classe.

En fin de séquence, une carte du monde ou de l'Europe est distribuée. La France est coloriée et son nom écrit. Deux autres pays sont choisis. Mers et océans peuvent être coloriés en bleu.

L'histoire de la représentation de la France

CE1

Programme : Formes usuelles de représentation de l'espace.

Objectifs :
- À partir de cartes anciennes, récentes et d'images satellites, constater que les connaissances sur les contours des continents et de la France sont récentes.
- Comprendre qu'en fonction de la période historique étudiée, la France n'a pas toujours eu les frontières actuelles.

Matériel :
- Anciennes cartes de la France (établies au XVIe siècle et après).
- Cartes de la France représentant ses frontières actuelles et d'autres avec des frontières plus anciennes (époque romaine, Moyen Âge...).

Remarques préalables

• Ce type de représentations (les deux séries de cartes) est aisé à trouver en sélectionnant sur un moteur de recherche l'option « Images ». Nous proposons par ailleurs six exemples (non exhaustifs) en annexe 1 (p. 132-137), numérotés de 1 à 6 pour un meilleur repérage.

• L'ensemble des cartes peut être présenté à la fois sur un document photocopié et en taille réelle, visionné au vidéoprojecteur ou observé en salle informatique.

• Il est préférable d'avoir fait l'activité précédente (n° 4) avant d'aborder celle-ci.

• Déroulement

Étape 1

Étaler les cartes sur une table et demander aux enfants de les classer de la plus ancienne à la plus récente.

Laisser les élèves faire une première recherche sans aide. Ils vont se fier aux âges indiqués sur les cartes ou à leur aspect plus ou moins « moderne ».

Exemples de cartes (reproduites en annexe 1, p. 132-137) :

1. Carte de la France en 1453.

2. Carte de la France datée de la Renaissance (XVIe siècle).

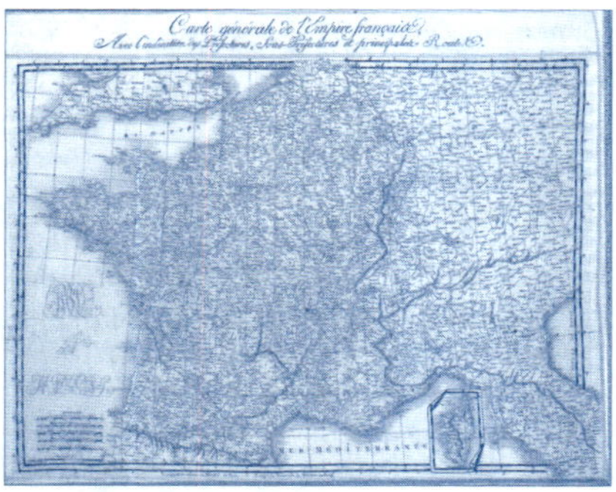

3. Carte de l'Empire français (XIXe siècle).

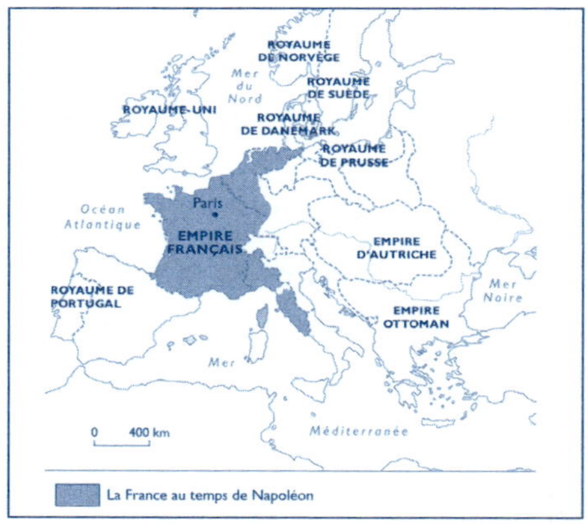

4. Carte de la France vers 1811.

5. Carte de la France en 1871.

6. Carte de la France actuelle.

Étape 2

Lors de la mise en commun, la notion de frontière est précisée. De plus, dans les exemples ci-contre, il est intéressant de faire comparer les deux cartes de l'Empire français : l'ancienne et l'actuelle. Il est aussi judicieux de présenter les cartes de façon chronologique, afin de mieux percevoir les changements de frontière au cours de notre histoire proche (l'Alsace et la Lorraine avant 1914) et lointaine (carte de la Gaule). Il ne s'agit pas pour autant de s'attarder sur les événements historiques.

À l'issue de ce tri, les élèves vont donc constater que :
– les cartes anciennes présentent des contours éloignés de la réalité (car les géographes avaient peu d'informations à leur disposition) et que, au fur et à mesure des époques, elles s'en rapprochent de plus en plus pour arriver enfin aux contours actuels ;
– des cartes correspondant à la même période ne présentent pas toujours les mêmes contours (par exemple, une carte de la France élaborée au XVIIe siècle peut être différente d'une carte du XVIIe siècle réalisée par des historiens du XXIe siècle avec les contours presque actuels de la France).

Expliquer aux enfants que certaines de ces cartes ont été réalisées à l'époque indiquée (le contour des côtes et la forme de la France correspondent alors aux connaissances de l'époque), mais que d'autres ont été réalisées au XXIe siècle (donc le contour des côtes correspond à nos côtes actuelles) et qu'elles représentent en revanche les frontières anciennes. S'assurer que la notion de frontière et celle de contours (forme des côtes) sont bien distinctes. Ajouter que les frontières de la France n'ont pas toujours été stables et que les tracés des contours des pays ont été réalisés au fur et à mesure des découvertes, notamment grâce aux grands navigateurs (Colomb, Magellan…).

On peut donc effectuer deux tris :
- les cartes « modernes » qui représentent la forme de la France telle que nous la connaissons aujourd'hui (voir l'activité précédente, n° 4) et qui retracent l'histoire de nos frontières ;
- les cartes « anciennes » dont les contours sont faux ou imprécis car tracés à des époques où la cartographie était moins élaborée.

Étape 3

Si cela n'a pas été fait, présenter des images satellites.

Expliquer que l'étude des images satellites a permis, entre autres, l'élaboration de cartes beaucoup plus exactes, car leur précision est de l'ordre du mètre.

Afin de bien visualiser cette précision, on peut éventuellement présenter aux élèves « Géoportail » (site de l'IGN) ou « Google Earth ».

Trace écrite

Élaborer collectivement une synthèse qui permet aux élèves de retenir que :

- la France n'a pas toujours eu les mêmes frontières ;
- les contours géographiques précis de la France ne sont connus précisément que depuis un passé récent, avec l'apparition des photos aériennes et des images satellites.

Le soleil, le jour et la nuit

GS-CP

Programme : Le temps – Repérage de l'alternance jour/nuit.

Objectif : Apprendre à repérer et à comprendre l'alternance du jour et de la nuit.

Matériel :
- Des globes terrestres.
- Une lampe de bureau puissante.
- Des lampes de poche.

Déroulement

Étape 1

Dans un premier temps, faire repérer ce qu'est l'alternance du jour et de la nuit ; faire comprendre également qu'elle est la base de notre calendrier.

Pour cela, amorcer une discussion. Par exemple : « Le jour, il y a le soleil, parfois il est caché par les nuages, mais on voit clair. On n'est pas obligé de s'éclairer. Mais la nuit, le soleil a disparu, il fait noir, on est obligé d'utiliser un éclairage pour voir clair. »

À l'issue de la discussion, conclure que :
- le jour, le soleil est présent, il nous éclaire ;
- la nuit, il est absent, nous sommes dans le noir.

Une fois cette alternance repérée, l'expliquer grâce à l'expérience ci-dessous.

Étape 2

Éteindre la lumière de la classe et allumer la lampe de bureau en la dirigeant vers le globe. Expliquer qu'elle représente le soleil qui est fixe ; il ne pourra donc pas bouger durant la phase d'expérimentation.

Montrer que la moitié de la Terre est éclairée et que l'autre non.
Rallumer la lumière et localiser deux points du globe : l'un était éclairé, l'autre non. Demander aux enfants quel est celui où il faisait jour et celui où il faisait nuit.
Ils constatent alors qu'il peut faire jour dans un pays alors que dans un autre la nuit est totale.

Mais il ne fait pas jour ou nuit tout le temps dans une même région. Il va donc falloir que les enfants trouvent comment on peut passer du jour à la nuit et inversement et donc pourquoi le soleil disparaît et apparaît régulièrement.

Étape 3

Pour y répondre, présenter à nouveau le globe terrestre et montrer qu'il tourne sur lui-même. (En fonction du niveau de la classe, il est possible de faire découvrir l'existence de la rotation terrestre par les enfants en leur distribuant le globe qu'ils pourront faire tourner.)
Distribuer ensuite un globe et une lampe de poche par groupe (la taille du groupe dépendra du nombre de globes terrestres disponibles).
Les élèves réalisent l'expérience qui a été présentée au début (éclairer le globe avec la lampe). Ils cherchent à comprendre comment un point du globe qui est éclairé par la lampe (= le jour) peut se retrouver dans l'obscurité (= la nuit).
Ils constatent rapidement qu'en le tournant sur son axe et en maintenant la lampe en position fixe, on peut passer de l'éclairement à l'obscurité et inversement.

Un élève se met alors du côté « nuit » du globe. En le regardant, il remarque qu'il ne voit pas la lampe, tout comme on ne voit pas le soleil de nuit. Inversement, du côté « jour », il peut voir le faisceau de la lampe. Il en conclut que les zones du globe où il fait jour sont éclairées par le soleil et que celles où il fait nuit ne le sont pas.

Étape 4

Enfin, il s'agit de faire repérer aux enfants les différents moments de la journée. En tournant doucement le globe terrestre, les enfants vont se rendre compte que :

– le moment où une région commence à être éclairée correspond au lever du soleil ;

– lorsque la zone étudiée est au milieu de la zone éclairée, on est en milieu de journée (midi) ;

– lorsque l'on s'approche à nouveau de la zone d'ombre, c'est que le soleil va bientôt se coucher et que la nuit arrive.

L'alternance jour/nuit est donc due à la rotation de la Terre qui fait qu'une même zone sera alternativement éclairée ou non par le soleil.

Trace écrite

En synthèse, les enfants réalisent un schéma simplifié des résultats observés :

– jour = la moitié de la Terre éclairée par le Soleil ;

– nuit = cette même moitié non éclairée par le Soleil.

Ils ajoutent une flèche sous chaque dessin pour indiquer le sens de rotation.

● Variante pour les CE1 : Les saisons

Le même matériel est utilisé.

Il agit ici de faire comprendre que l'inclinaison du globe terrestre engendre les saisons : faire constater que, en fonction de la période de l'année, une zone précise (prendre la France) va être plus (l'été) ou moins (l'hiver) longtemps éclairée durant une journée.

Une fois l'expérience réalisée, un des groupes vient dessiner au tableau les résultats et expliquer le mécanisme des saisons. Une correction collective peut être réalisée. Les élèves reproduisent ces dessins sur leur carnet d'expériences.

La mesure du temps

GS-CP-CE1

Programme : Le temps – Les outils qui mesurent le temps.

Objectif : Découvrir qu'il est possible de mesurer le temps et quels sont les moyens utilisés.

Matériel :
- Chronomètres, montres (les plus variées possibles : digitale ou avec aiguille, avec trotteuse, avec jour de la semaine et/ou le mois...), minuteurs (digital, mécanique, sablier).
- Photographies (ou observation sur Internet) d'horloges astronomiques (mesures sur la semaine, le mois, l'année).
- Photographies (ou animation sur Internet) de cadrans solaires à différentes heures de la journée.
- Une feuille de synthèse par élève (voir l'annexe 2, p. 138).

Compétence transversale à évaluer (CP-CE1) : Compétence 3 « Les principaux éléments de mathématiques » – Partie grandeurs et mesures : « Utiliser les unités usuelles de mesure ; estimer une mesure ».

Remarque préalable

Les élèves doivent avoir assimilé la notion du temps qui passe. Ainsi, notamment en GS, il est préférable d'avoir réalisé le travail sur l'alternance jour/nuit (expérience précédente) avant d'aborder cette activité.

• Déroulement

Distribuer à chaque groupe de trois ou quatre enfants au moins trois outils de mesure.

Leur faire observer les aiguilles qui bougent, les chiffres qui défilent et leur faire comparer les vitesses :
- de déplacement des aiguilles ;
- de changement de chiffres ;
- d'écoulement du sable ;
- de déplacement du soleil sur le cadran.

On met ainsi en évidence le fait qu'il est possible de mesurer le temps qui passe et que ces appareils qui le mesurent ne le font pas à la même vitesse et de la même manière.

Avec les élèves de GS

Proposer un travail sur les trois aiguilles d'une montre traditionnelle et les chiffres d'une montre digitale.

Faire observer que :

– La grande aiguille va très vite, comme certains chiffres de la montre. Elle mesure les secondes.

– La moyenne est plus lente, mais elle bouge plusieurs fois durant la séquence, tout comme les chiffres du milieu de la montre. Elle mesure les minutes.

– La petite est très lente, on ne la voit presque pas bouger, tout comme certains chiffres de la montre digitale. Elle mesure les heures.

Cette découverte permettra d'aborder ensuite le premier apprentissage de la lecture de l'heure sur une horloge traditionnelle. On se contentera en GS de déchiffrer les heures.

Avec les élèves de CP et de CE1

Le même travail qu'en GS est effectué.

Mais, à partir du moment où la lecture des chiffres et la notion de dizaine sont bien maîtrisées, il est possible d'aller plus loin et de montrer qu'une minute correspond à 60 secondes et une heure à 60 minutes. Un approfondissement de la lecture de l'heure peut être envisagé à ce moment-là, avec l'apprentissage de la lecture des minutes sur la grande aiguille.

Puis les enfants vont comparer les différents types d'objets et essayer de leur trouver leurs rôles respectifs. Ils se rendent alors compte que certains représentent bien le temps qui passe, mais qu'ils ne donnent par forcément l'heure :

- La montre, le cadran solaire, l'horloge astronomique donnent l'heure et parfois une date.
- Le chronomètre permet de mesurer le temps qui passe à partir du moment où on le déclenche (mesure d'un temps de course, par exemple).
- Le minuteur permet de donner le temps restant, après l'avoir programmé pour une durée précise (par exemple, mesure du temps restant pour faire cuire un œuf à la coque).

– Le sablier n'a pas besoin de chiffres car on connaît son temps d'écoulement (par exemple, pour un sablier de cuisine, le temps d'écoulement du sable correspond au temps nécessaire à la cuisson d'un œuf dur).

Trace écrite pour les CP-CE1

En synthèse, un travail comme ci-dessous peut être réalisé (schéma joint en annexe sans les flèches).

Les enfants doivent relier chaque objet à la manière dont il mesure le temps :

– il donne l'heure de la journée ;

– il mesure une durée ;

– il mesure le « temps qu'il reste ».

Schéma corrigé

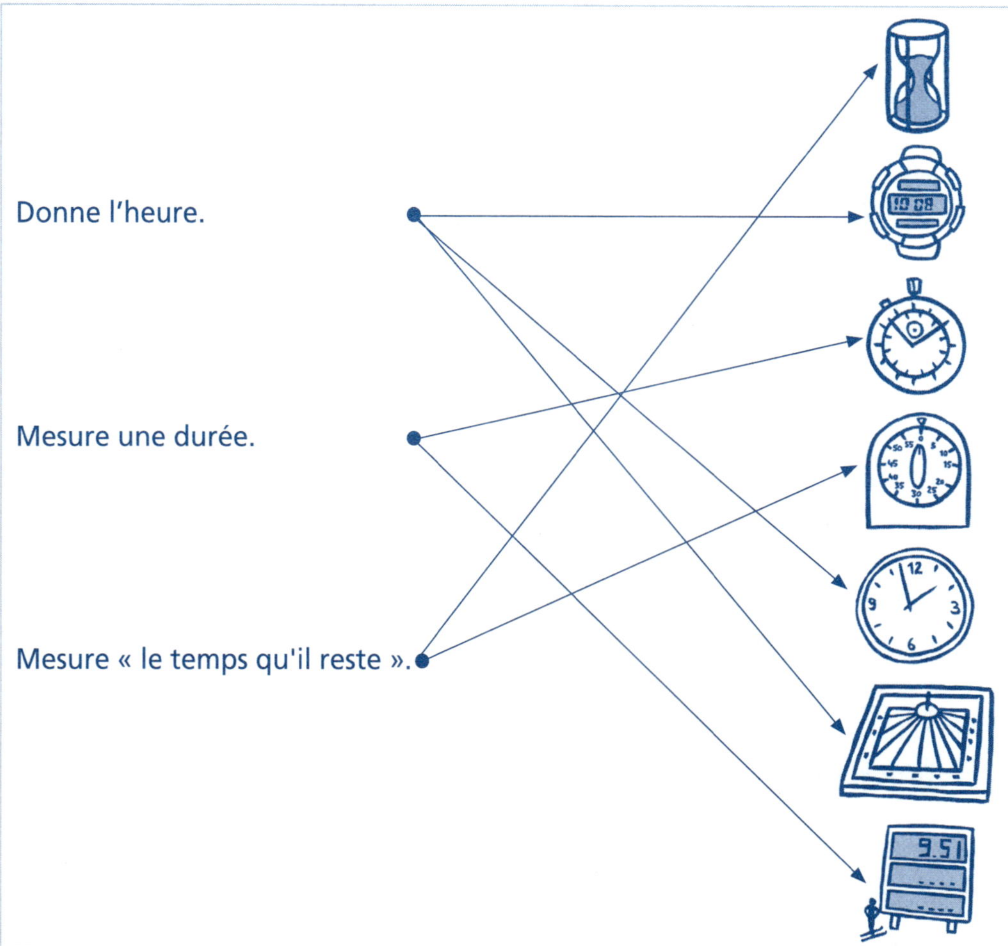

Des outils pour repérer et mesurer le temps

CP-CE1

Programme : Le temps – Les outils de repérage et de mesure du temps.

Objectif : Percevoir la différence entre les objets qui mesurent le temps et ceux qui permettent de le repérer.

Matériel :
- Calendriers papier et électroniques (essayer d'en trouver une grande variété : année visible en entier, sur six mois ou un mois ; éphéméride ; calendrier de l'avent...).
- Des agendas.
- Des montres, des pendules, des chronomètres, des minuteurs...

Compétence transversale à évaluer (CP-CE1) : Compétence 3 « Les principaux éléments de mathématiques » – Partie grandeurs et mesures : « Utiliser les unités usuelles de mesure ; estimer une mesure ».

Remarque préalable

Il est préférable d'avoir réalisé l'expérience 7 avant d'entamer cette activité.

• Déroulement

Étape 1

Les enfants ont vu que l'on pouvait lire l'heure et donc voir le temps passer à l'aide d'une montre, d'une horloge...

Chaque groupe doit posséder une montre à aiguilles (autant de groupes que de montres). Ils déterminent l'heure. Ils vérifient si leur lecture est convenable à l'aide d'une montre à chiffres.

Leur distribuer ensuite un calendrier (possibilité d'en observer une grande variété sur Internet et donc de faire l'activité en salle informatique).

La difficulté va être de faire comprendre aux enfants le rôle respectif de la montre et du calendrier.

Une montre indique l'heure et parfois la date ; le calendrier permet de se repérer dans le temps (quel jour de la semaine, quel mois, quelle saison, quelle année), mais il ne mesure pas le temps.

Les élèves doivent retenir que :

– les objets qui mesurent le temps sont « en mouvement » (aiguilles, chiffres) ;

– ceux qui permettent de se repérer dans le temps sont figés, on ne peut pas y lire l'heure ou voir passer le temps.

Étape 2

Distribuer ou montrer aux enfants tout les objets collectés ayant un rapport avec le temps.

Leur demander de les classer en deux groupes :

– ceux qui **mesurent le temps** (montres, horloges, minuteurs, chronomètres) ;

– ceux qui permettent de **se repérer dans le temps** (calendriers de tous types, agendas).

Il est possible, ensuite, d'élaborer un second tri parmi les objets qui mesurent le temps :

– ceux qui donnent l'heure (montres, horloges) ;

– ceux qui nous donnent une durée (minuteurs, chronomètres).

Trace écrite

Les élèves réalisent un tableau à deux colonnes (« Mesure du temps / Repérage dans le temps ») dans lequel ils dessinent quelques exemples d'objets pour chaque catégorie (ou ils collent des images de ces objets).

II. Découvrir le monde du vivant

Observation des organes mâle et femelle d'une fleur de tulipe

GS-CP-CE1

Programme : Reproduction et naissance chez les végétaux.

Objectif : Réaliser une dissection en suivant un protocole simple décrit par l'enseignant.

Matériel :
- Des fleurs de tulipe (attention ! les prendre rouges ou jaunes car le plus souvent les fleurs d'autres couleurs possèdent un nombre anormal d'étamines et un pistil mal formé ; ne pas hésiter à regarder, avant de les acheter, l'intérieur des fleurs, qui doivent comporter six étamines et un pistil).
- Des pinces à épiler.
- Dessin de la fleur disséquée à reconstituer pour la GS et le début du CP (voir annexe 3, p. 139).

Rappel pour l'enseignant

Pour les plantes à fleurs, la graine est issue de la rencontre entre un ovule (cellule sexuelle femelle), contenu dans le pistil de la fleur, et un grain de pollen (cellule sexuelle mâle) libéré par une étamine. Cette rencontre favorise la fécondation.

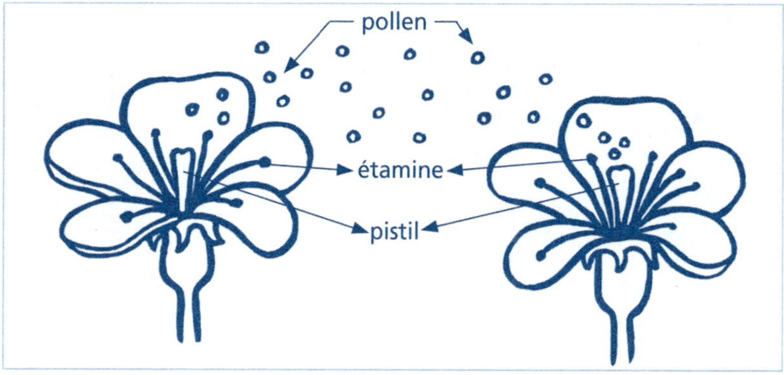

La reproduction chez les plantes.

Une fois formée, la graine contient :
- un embryon qui redonnera une nouvelle plante ;

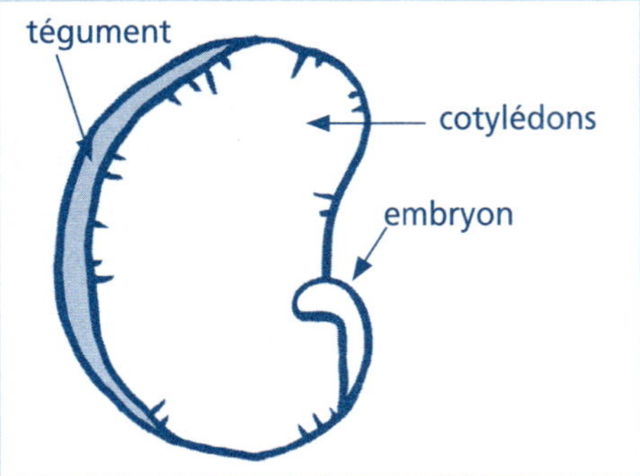

La graine.

– des réserves, situées dans les cotylédons, qui lui donneront les éléments nécessaires à sa croissance tant qu'elle n'est pas autonome (dès qu'elle aura des feuilles, elle pourra réaliser la photosynthèse) ;
– une enveloppe, appelée tégument, qui sert à la protéger durant l'hiver.

La dissection de la fleur permet donc de connaître les organes mâle et femelle de la plante. Un travail sur la graine est proposé dans l'expérience suivante (p. 39).

• Déroulement

Dissection de la fleur de tulipe

Elle comporte six pétales.

Demander aux élèves d'ôter, à l'aide de la pince à épiler, les deux pétales extérieurs et le pétale intérieur situé entre les deux. Avant de commencer, s'assurer que les enfants ont bien repéré ces pétales à enlever (il ne s'agit pas de tout enlever : seulement la moitié).

Puis faire retirer les trois étamines qui sont situées devant et légèrement sur le côté du pistil afin de rendre ce dernier plus visible (voir le dessin schématisé ci-après).

Après avoir procédé à la dissection, on peut enlever l'ensemble pour compter les pétales et les étamines (voir ci-dessous).

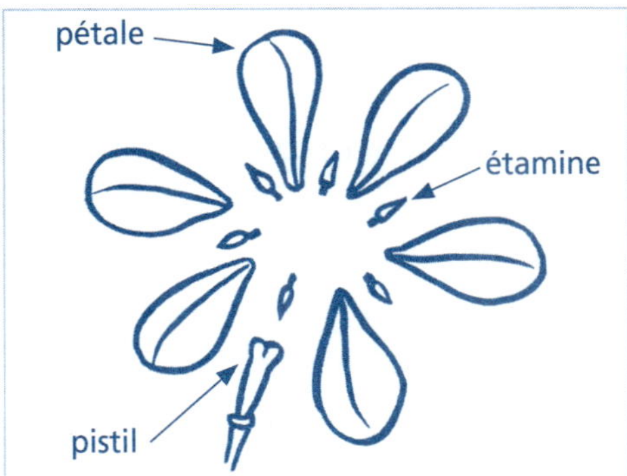

La fleur disséquée.

Conclusion

Cette observation permet aux enfants de comprendre que :

– tout comme les animaux, les végétaux possèdent des organes sexuels mâle (les étamines) et femelle (le pistil) ;

– que chez de nombreuses plantes, contrairement à la quasi-totalité des animaux, les organes mâle et femelle sont situés au même endroit, à savoir la fleur.

Trace écrite

• En GS et au début du CP, distribuer à chaque élève la feuille proposée en annexe, sur laquelle est dessinée une tige de tulipe, trois pétales (deux vus de profil, un vu de face), le pistil et trois étamines.

Chaque enfant découpe précisément les différents morceaux de la fleur. En observant la dissection, il reconstitue la tulipe en collant les morceaux de fleur qu'il a découpés. Veiller à ce que l'assemblage se fasse dans le bon ordre, afin que tous les éléments soient apparents (valider la reconstitution avant de la faire coller).

Voici le résultat obtenu :

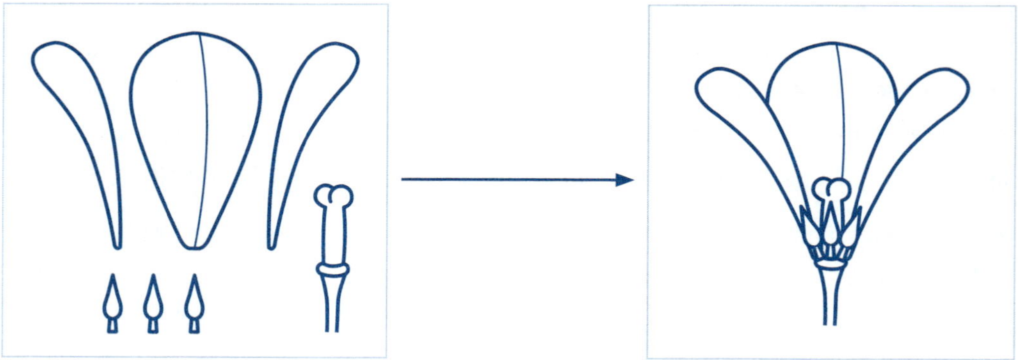

• En fin de CP et au CE1, les enfants réalisent dans leur carnet d'expériences un dessin simplifié de la dissection (comme sur le modèle illustré ci-dessus) ; ils le légendent et lui donnent un titre.

Observation de différentes graines

GS-CP-CE1

Programme : Reproduction et naissance chez les végétaux.

Objectif : Comparer la structure de différentes graines afin de montrer que, malgré une diversité de formes, les graines ont toutes la même organisation.

Matériel :
- Des graines de haricot blanc (acheter un paquet de haricots secs), des fèves, des arachides (cacahuètes dans leur coquille), des lentilles ou toute autre graine de votre choix.
- Des cure-dents.
- Des loupes.
- Un dessin de graines à compléter par l'élève (voir annexes 4 et 5, p. 140-141).

• Rappel pour l'enseignant

Voir l'expérience précédente, p. 36.

• Déroulement

Répartir les élèves par groupes de deux. Distribuer à chaque binôme quatre graines différentes. Faire casser l'arachide afin d'en sortir les cacahuètes en faisant bien attention de préserver leur enveloppe rouge brique.

Au fur et à mesure de l'investigation, amener les enfants à réaliser des observations minutieuses. À l'aide d'une discussion, élaborer une comparaison des graines, établir le rôle joué par chacune de ses parties.

Étape 1 : l'enveloppe

Les enfants regardent l'aspect extérieur de chaque graine. On y observe une enveloppe qui donne la couleur à la graine. Pour la cacahuète, les enfants constatent qu'au contraire des autres, elle s'enlève facilement. C'est le **tégument**. Il joue un rôle de protection pour la graine,

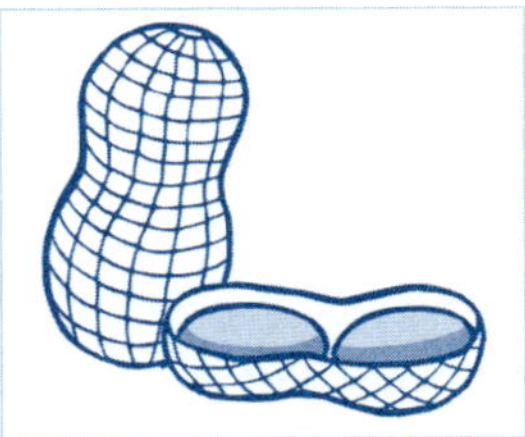

La cacahuète.

notamment contre le froid en hiver (cela ne concerne que les graines issues de plantes des pays où il y a un hiver).

Étape 2 : l'intérieur

Faire enlever le tégument et ouvrir les graines à l'aide d'un cure-dents. Il est préférable de faire tremper les graines dans l'eau au moins 24 heures avant, afin qu'elles s'ouvrent plus facilement (inutile pour l'arachide).

Les graines s'ouvrent alors en deux parties. Sur l'une d'elles, on peut voir un petit renflement pointu. Si on l'observe à la loupe sur la graine de haricot ou de fève, on peut deviner une ou deux micro-feuilles et, à l'opposé, une micro-racine. Il s'agit de l'**embryon** de la graine, qui sera à l'origine de la nouvelle plante. Les micro-feuilles vont être à l'origine des premières feuilles de la plante et la micro-racine de son système racinaire.

Les deux parties restantes sont les **cotylédons**. Ils sont constitués de réserves qui nourriront la plante au début de son développement.

C'est le mécanisme de **photosynthèse** qui prendra ensuite le relais pour la nutrition de la plante. La photosynthèse permet à la plante de fabriquer elle-même sa nourriture à partir de la lumière du soleil. Elle se réalise au niveau des feuilles (voir le « Rappel pour l'enseignant », p. 62).

Trace écrite

• En GS et en début de CP, le dessin d'une graine et des dessins visualisant le rôle de ses différentes parties est distribué (voir l'annexe 4). Les enfants relient par un trait chaque partie de la graine au rôle qui lui correspond (les pictogrammes sont expliqués au préalable) :

– le bébé avec parapluie pour le tégument (protection) ;
– le bébé avec biberon pour le cotylédon (nourriture) ;
– le bébé seul pour l'embryon (future plante).

Voici le corrigé :

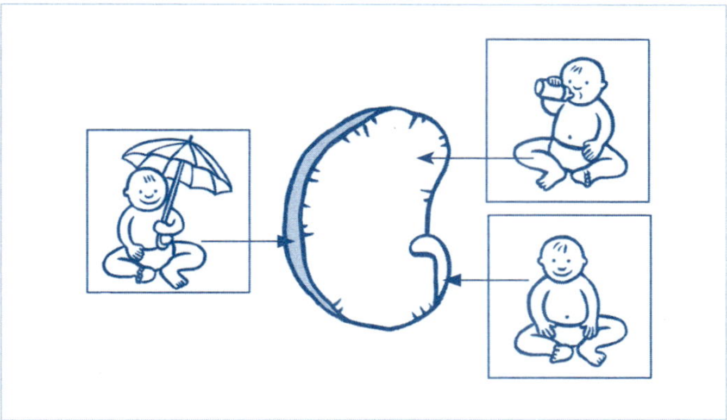

• En fin de CP et de CE1, le même dessin est proposé (voir l'annexe 5). Mais celui-ci est légendé et le rôle de chaque partie est précisé.

Voici le corrigé :

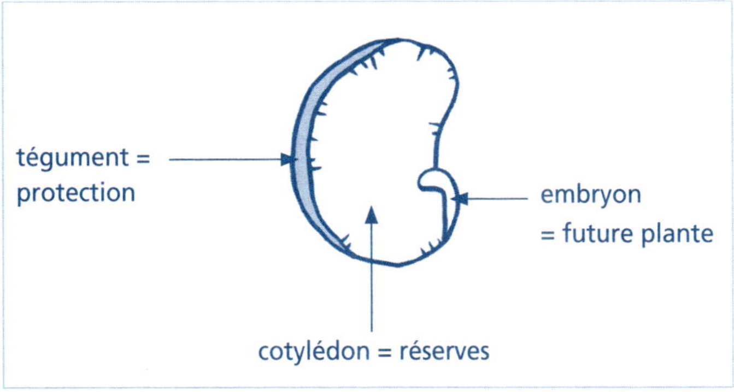

• Prolongement

Pour aller plus loin, proposer l'activité « La graine et sa germination » (p. 42), qui permet d'étudier le rôle des différentes parties de la graine et ainsi mieux comprendre comment elle peut engendrer une nouvelle plante.

La graine et sa germination

GS-CP-CE1

Programme : Naissance chez les végétaux.

Objectifs :
- Émettre des hypothèses sur le rôle des différentes parties de la graine, à partir de son observation, pour mieux comprendre la germination.
- Vérifier ces hypothèses à l'aide d'une expérience.

Matériel :
- Des graines de haricot blanc (achetés au kilo en supermarché).
- Des loupes.
- Des petites assiettes.
- Du papier absorbant.

• Préparation

Ouvrir en deux, avant la séance, les graines à l'aide de la pointe d'un couteau. Conserver la partie de la graine où est fixé l'embryon.

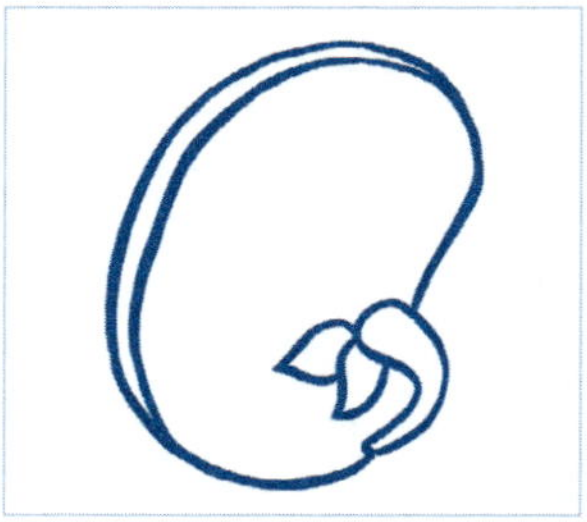

Il est composé de deux micro-feuilles et d'une micro-racine qui sont situées à la base de la graine. Elles représentent les futures premières feuilles et la racine de la plante.

• Déroulement

Répartir les élèves par groupes de deux. Distribuer à chaque binôme la demi-graine portant l'embryon et une loupe.

Formulation des hypothèses

Faire observer l'**embryon** à la loupe. Pour que les élèves comprennent bien son organisation, il est possible de leur présenter un agrandissement au format A4 de cette zone (facile à trouver sur Internet ; ou photocopier en l'agrandissant le dessin ci-dessus).

Suite à une discussion, les enfants constatent que cette partie ressemble à un bébé plante où l'on peut observer « des petites feuilles » et « comme une tige ».

Les trois principales parties de la plante étant les feuilles, la tige et les racines, on peut émettre l'hypothèse que « les petites feuilles » vont donner les futures feuilles et que « la petite tige » va donner une tige et la racine.

Pour émettre une hypothèse sur le rôle du reste de la graine, **le cotylédon**, il est nécessaire de guider les élèves.

Demander pourquoi l'homme cultive des graines (blé, riz, maïs, petits pois, haricots, cacahuètes…). Ils constatent que c'est essentiellement pour son alimentation.

On sait que la plante se nourrit grâce à ses feuilles en captant la lumière du soleil. Au départ, dans la graine, il n'y a pas de feuilles vertes. On peut donc supposer que pour grandir, la plantule a besoin de la nourriture qu'elle trouve dans le cotylédon de la graine.

Afin de vérifier ces hypothèses, les enfants vont faire germer des graines de haricot et observer l'évolution des différentes parties au cours du temps.

Expérience

Cette expérience se réalise par groupes de deux.

Demander aux binômes de plier en quatre deux feuilles de papier absorbant, qui serviront de support de croissance (elles remplaceront la terre qui contient des sels minéraux). Ils les humidifient. Puis ils déposent six graines sur le papier afin de les faire germer. Les enfants écrivent leur prénom sur une étiquette qu'ils posent ou collent sur le bord de l'assiette.

Faire observer l'évolution de la germination en ouvrant en deux une graine, tous les deux jours.

Après deux jours, les élèves constatent que le volume de la graine a légèrement augmenté car elle s'est hydratée. Les futures racines et les feuilles ont « gonflé ».

Au fur et à mesure de la germination, ils observent que la racine et les feuilles se développent, et qu'une petite tige apparaît.

Ceci confirme bien la première hypothèse émise : l'embryon est à l'origine de la formation de la nouvelle plante.

En parallèle, les enfants remarquent que les cotylédons se « fripent » et que leur volume diminue. Ceci est bien dû au fait que, la plante n'étant pas encore autonome, elle puise au départ sa nourriture dans les cotylédons. La deuxième hypothèse est vérifiée.

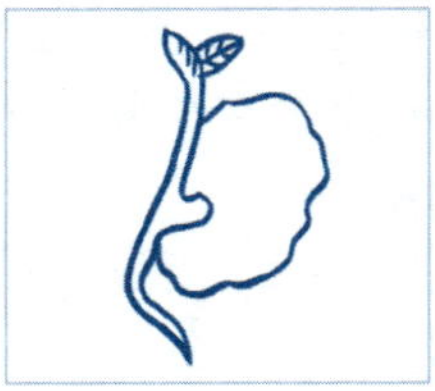

Trace écrite

Demander aux élèves de dessiner les résultats de cette expérience :

- la graine initiale coupée en deux ;
- la graine gonflée avec l'apparition de la petite tige ;
- les cotylédons fripés.

Élaborer collectivement une phrase de synthèse, par exemple : « L'embryon est à l'origine de la nouvelle plante. Les cotylédons nourrissent la future plante. »

Que faut-il pour qu'une graine germe ?

GS-CP-CE1

Programme : Naissance chez les végétaux.

Objectif : Découvrir les éléments nécessaires à la croissance d'une graine à travers une démarche d'investigation.

Matériel :
- Des graines.
- Des coupelles en plastique.
- Un lieu obscur, un lieu éclairé, un lieu chaud, de quoi arroser.
- Un tableau des expériences par élève (voir annexes 6 et 7, p. 142-143).

Remarque préalable

Il est préférable, mais pas nécessaire, d'avoir réalisé une première démarche plus simple avant d'aborder celle-ci. Par exemple, celle proposée dans l'expérience 18, « Que faut-il pour qu'une plante pousse ? », qui suit la même trame que cette activité.

En effet, lors de cette séquence, il est possible de montrer qu'une hypothèse n'est pas toujours valide, alors que pour l'activité 18, elles le sont toutes.

• Déroulement

Utiliser le même déroulement que celui de l'activité 18 (p. 62). Les pictogrammes présentés sont les mêmes, mais pour la température, deux thermomètres sont proposés (à colorier en rouge pour la chaleur et en bleu pour le froid).

Attention ! bien montrer que la lumière et la chaleur sont deux facteurs différents. Par exemple, si on éteint la lumière de la classe, il fera plus sombre mais on n'aura pas plus froid.

Formulation des hypothèses

Demander aux élèves quels sont les éléments nécessaires, selon eux, à la germination de la graine. Après une discussion collective, les hypothèses émises par les enfants sont :

– « Il lui faut de l'eau. »
– « Il lui faut de la lumière. »
– « Il lui faut de la chaleur. »

Proposer aux élèves de vérifier ces hypothèses par des expériences.

Expériences

Préciser, pour les GS-CP, que pour tester un facteur, il faut l'enlever. Pour les CE1, on peut leur laisser le deviner.

Distribuer aux élèves, répartis en petits groupes, des graines disposées dans des coupelles en plastique. Prévoir plusieurs coupelles par groupe pour réaliser les différentes expériences. Puis photocopier pour chaque groupe le tableau des expériences à réaliser (annexe 6 pour les GS-CP, annexe 7 pour les CE1). Avant de le remplir, faire colorier en rouge le thermomètre figurant la chaleur et en bleu celui qui figure le froid. Les deux lignes du bas sont à compléter à l'issue des expériences. Laisser les élèves observer les dessins et comprendre ce qu'il y a à faire. Au besoin, les aider.

Puis procéder aux expériences :

• Pour tester le besoin de lumière : placer les graines dans un endroit obscur et chaud ; les arroser régulièrement.

• Pour tester le besoin d'eau : laisser les graines à la lumière et à la chaleur, sans les arroser.

• Pour tester le besoin de chaleur : placer les graines dans un endroit plus froid que la température ambiante, avec de la lumière ; les arroser régulièrement.

• Ne pas oublier de réaliser l'expérience témoin, où tous les éléments sont présents, pour comparer et vérifier.

Observations et conclusions

Après une à deux semaines, les résultats sont observés.

Les résultats obtenus sont présentés dans les tableaux proposés en annexe (n° 6 pour le GS-CP, n° 7 pour le CE1). Quand la graine ne germe pas, les élèves inscrivent un *moins* dans le tableau ; quand elle commence à germer, ils écrivent un *plus*.

Donner la conclusion de ces expériences sur la dernière ligne, en collant les pictogrammes correspondants pour les GS-CP, en écrivant une phrase de synthèse pour les CE1 (voir les exemples ci-contre).

GS-CP

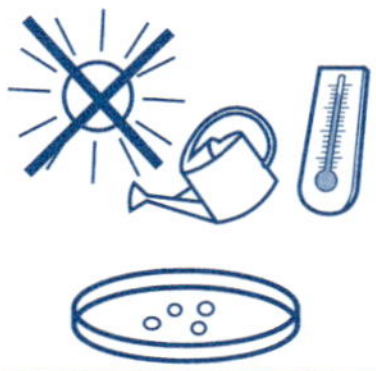			
+	–	–	+
		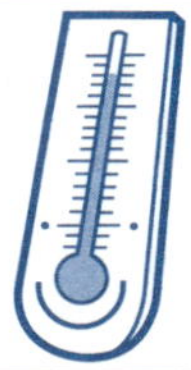	

CE1

Hypothèse	Nécessité de lumière	Nécessité d'eau	Nécessité de chaleur	Expérience témoin
Expérience	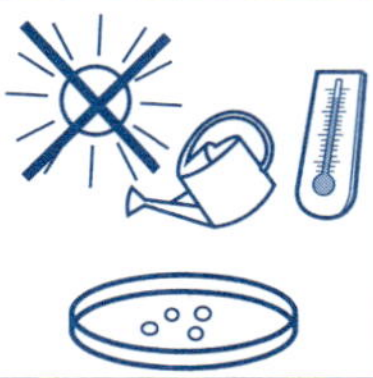			
Résultat	+	–	–	+
Conclusion	La graine n'a pas besoin de lumière pour germer.	La graine a besoin d'eau pour germer.	La graine a besoin de chaleur pour germer.	

En synthèse, dire aux élèves que, pour qu'une graine germe, il lui faut de l'eau et de la chaleur, mais pas de lumière. (L'hypothèse « la lumière est nécessaire » n'est donc pas validée.) Ces conditions sont réunies au printemps.

La lumière n'est pas indispensable car la graine possède ses propres réserves et de plus, généralement, elle germe sous terre, donc à l'obscurité.

Réaliser un élevage de phasmes

GS-CP-CE1

Programme : Reproduction et naissance chez les animaux.

Objectifs :
- Apprendre à suivre un protocole, à respecter des règles d'élevage.
- Développer l'esprit d'observation.
- Aborder la reproduction du phasme.

Matériel :
- 2 ou 3 aquariums ou vivariums rectangulaires.
- Du grillage fin ou du tissu à moustiquaire légèrement plus grand que l'aquarium et lesté aux quatre coins (plomb ou caillou).
- Des phasmes ou des œufs de phasmes (à récupérer dans la nature ou chez un revendeur ; voir adresses utiles, p. 158).
- Des branches de lierre ou de ronce.
- Un flacon en verre à goulot (pour éviter que les phasmes ne se noient).
- Des barquettes en plastique.
- Du coton.
- Un pulvérisateur à eau.
- Des loupes.

Compétence transversale à évaluer (CP-CE1) : Compétence 1 « La maîtrise de la langue française » – « Lire seul et comprendre un énoncé, une consigne simple ».
Pour l'évaluer, donner les consignes de réalisation de l'élevage par écrit.

Déroulement

Il est intéressant, si cela est possible, de réaliser plusieurs élevages (il existe des aquariums de petite taille) pour que des groupes de cinq à six enfants en aient chacun un en charge, de façon à les responsabiliser.

Ils préparent ainsi chacun leur élevage et en ont la gestion durant toute la période d'étude.

Remarque

Attention ! s'il s'agit de phasmes « exotiques » qui ne vivent pas dans nos régions, il ne faut surtout pas les libérer dans la nature car cela pourrait être dangereux pour les espèces de nos régions. Les espèces exotiques pourraient les éliminer et entraîner leur disparition.

Réalisation de l'élevage

Distribuer un vivarium par groupe. Les consignes sont données au fur et à mesure à chacun des groupes. Pour les CP-CE1, il est possible de distribuer ces consignes par écrit (une lecture orale est réalisée au préalable), afin de développer la compétence transversale présentée ci-dessus.

• Placer une ou plusieurs feuilles de papier au fond, afin de faciliter la récupération des crottes.

• Déposer une barquette en plastique contenant du coton imbibé d'eau. Il permettra aux phasmes de s'hydrater.

• Placer le flacon en verre à goulot contenant de l'eau. Pour nourrir les phasmes, introduire dans le flacon des branches de lierre (ou de ronce ou de lilas) qui, ainsi, ne se dessécheront pas. Boucher ensuite à l'aide de coton pour éviter les noyades.

• Déposer les phasmes sur les branches.

• Recouvrir l'aquarium d'un grillage ou de tissu à moustiquaire.

Entretien de l'élevage

Là encore, ces consignes peuvent être données par écrit en fin de CP et au CE1.

• Humidifier tous les deux à trois jours le feuillage et les animaux à l'aide du vaporisateur (quatre à cinq pulvérisations sous forme de bruine).

• Nettoyer régulièrement le fond en changeant les feuilles de papier.

• Remplacer, lorsque cela est nécessaire (autrement dit, toutes les une à deux semaines), les branches qui servent à la fois de support et d'alimentation. Bien récupérer l'ensemble des phasmes en les faisant tomber au fond du vivarium.

• Veiller à ce que le coton soit toujours humide.

S'assurer que chaque groupe suit attentivement et régulièrement ces consignes.

Observation des œufs

Après quelques mois (environ trois), les enfants peuvent découvrir, au milieu des crottes, des œufs de phasme. Leur repérage n'est pas si aisé, mais les élèves, en apprenant à nettoyer leur élevage, savent reconnaître les crottes et voient donc assez facilement la présence des œufs.

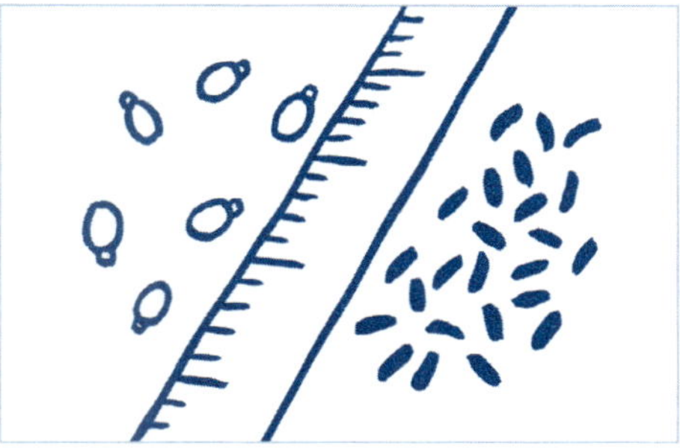

Comparaison de la taille et de la forme des œufs (à gauche) et des excréments (à droite).

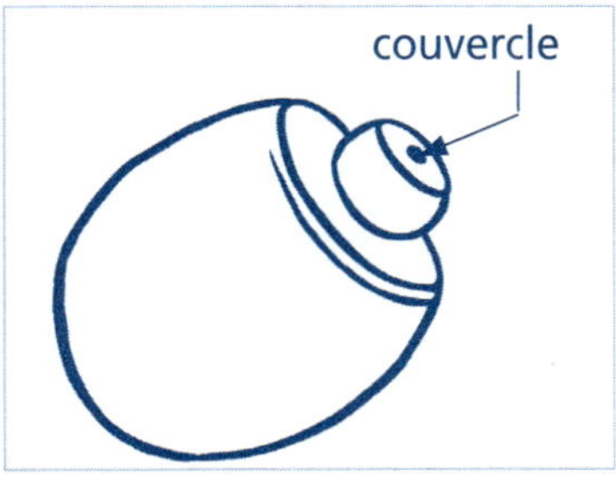

Ils sont à retrouver au milieu des excréments et sont reconnaissables à leur couvercle situé sur le dessus de l'œuf. Une observation à la loupe facilitera cette découverte.

Expliquer aux élèves que les adultes peuvent pondre durant toute l'année si les conditions d'élevage sont favorables (milieu chaud et humide). Chaque femelle peut pondre durant sa vie de 200 à 300 œufs.

Préciser éventuellement le type de reproduction des phasmes étudiés.

• Les phasmes d'élevage (ceux de nos régions) sont parthénogénétiques, c'est-à-dire que les femelles se reproduisent seules en pondant des œufs qui redonneront aussi des femelles ; il n'y a donc pas de fécondation. Il s'agit d'une reproduction asexuée.

• Cependant, certaines espèces (comme le phasme bâton et le phasme épineux) se reproduisent par fécondation, résultant d'un accouplement entre un mâle et une femelle. Il s'agit alors d'une reproduction sexuée.

Ainsi, il n'est pas possible, sauf cas exceptionnel (si un mâle est présent), d'observer des accouplements dans l'élevage réalisé en classe.

• Prolongement

Ces œufs peuvent être utilisés pour étudier la croissance et le développement du phasme (voir les activités « La naissance du phasme », p. 53 puis « Observation du phasme » et « La croissance du phasme », p. 55 et 57).

La naissance du phasme

GS-CP-CE1

Programme : Naissance et reproduction chez les animaux.

Objectif : Isoler dans un élevage les œufs de phasme, afin d'étudier la naissance du phasme.

Matériel :
- Des œufs de phasme (voir l'expérience précédente, p. 49).
- De petits récipients en verre à fond plat (type cristallisoir).
- Du sable.
- De la gaze.
- Un grand élastique.
- Des loupes.

Déroulement

Repérage des œufs de phasme

Il s'agit ici de repérer les œufs éclos dans l'élevage de phasmes, au besoin à l'aide de loupes (voir l'expérience précédente), et de les récupérer pour mieux les observer.

Attention ! la forme de l'œuf va dépendre de l'espèce étudiée. Certains œufs peuvent être plus allongés que ceux présentés en exemple dans l'expérience précédente (p. 51).

Les œufs sont donc recueillis délicatement par les enfants, puis sortis de l'élevage pour être disposés dans une « pouponnière à phasmes ».

Fabrication de la pouponnière

Préparer la pouponnière avec les élèves.

Mettre une couche de sable de deux à trois centimètres au fond du cristallisoir et l'humidifier (attention ! le sable ne doit pas être détrempé).

Déposer les œufs et recouvrir d'une gaze fixée à l'aide d'un élastique pour que, suite à leur naissance, les jeunes phasmes ne s'échappent pas.

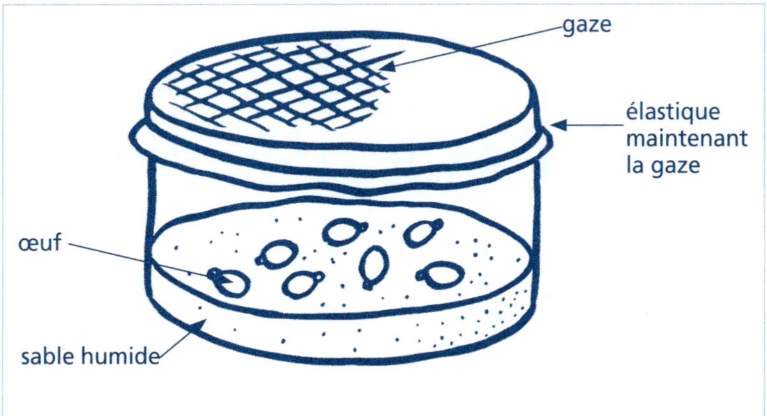

Observations

L'éclosion des œufs, qui correspond donc à la naissance du phasme, se déroulera de deux à six mois après la ponte. Cette durée varie en fonction de l'espèce utilisée et des conditions d'élevage.

Les enfants auront peut être la chance d'observer une éclosion, durant laquelle le jeune phasme découpe le sommet (côté « couvercle ») de l'œuf et d'où il sort avec difficulté.

Le trou est visible sur l'œuf, suite à l'éclosion.

Il est possible de faire dessiner aux enfants l'œuf et l'éclosion, afin de garder une trace de ces observations.

• Prolongement

Ces nouveau-nés peuvent être utilisés pour étudier le développement du phasme (voir les activités « Observation du phasme » et « La croissance du phasme », p. 55 et 57).

Observation du phasme

GS-CP-CE1

Programme : Croissance chez les animaux.

Objectif : Observer un animal et reconnaître les différentes parties qui le constituent (afin de mieux étudier sa croissance).

Matériel :
- Un élevage de phasmes (voir l'activité : « Réaliser un élevage de phasmes », p. 49).
- Des loupes.
- Des petites boîtes en plastique (une par groupe).
- Un schéma du phasme à compléter par élève (annexe 8, p. 144).

Déroulement

Observer les différentes parties du phasme

Placer des phasmes dans des petites boîtes en plastique. En donner une par groupe de deux ou trois élèves.

À l'aide de la loupe, faire observer les différentes parties du phasme et les nommer :

- la bouche ;
- les pattes (en compter six) ;
- les antennes (en compter deux) ;
- les yeux.

À l'aide de cette observation, faire deviner à quelle famille d'animal appartient le phasme et préciser ensuite ses caractéristiques : c'est un insecte, car il possède six pattes et deux antennes.

Comprendre le rôle de ces différentes parties

Proposer une discussion collective afin de faire trouver quel est le rôle de chacune des parties. Veiller à ce que les enfants utilisent un vocabulaire précis.

– Les pattes permettent la locomotion.

– Les yeux sont les organes de la vision.

– La bouche permet la nutrition.

– Les antennes servent à l'odorat.

Cette observation peut servir d'amorce à de futures séquences portant soit sur les sens (ici, découverte de la vue et de l'odorat), soit sur les grandes fonctions (ici, découverte de la nutrition et de la locomotion).

Trace écrite

• En GS, distribuer le schéma du phasme et de ses différentes parties isolées (proposé en annexe) et faire retrouver les dessins des différentes parties isolées sur le schéma d'ensemble de l'animal.

Demander aux élèves de relier, à l'aide d'un trait, chaque partie à la représentation de l'animal. Exemple : relier le dessin de la patte à une des pattes de l'animal, le dessin de l'œil à un des deux yeux du phasme…

Puis faire découper les vignettes qui correspondent au rôle de chacun des organes. Les expliquer : la voiture figure le mouvement, l'assiette contenant un repas figure la nutrition, l'image des jumelles figure la vision et la fleur dégageant une odeur figure l'odorat. Chaque vignette représentant un rôle est collée près de l'organe qui lui correspond.

Voici le résultat obtenu :

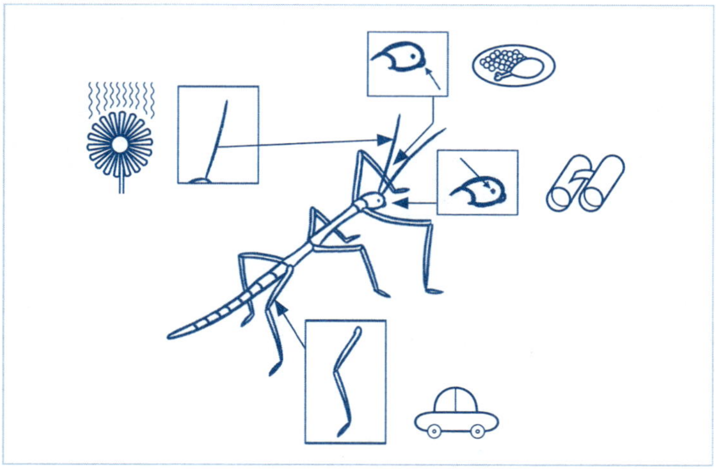

• En CP et CE1, le même travail est réalisé, mais les élèves écrivent en plus le nom de l'organe sous chaque dessin correspondant.

La croissance du phasme

GS-CP-CE1

Programme : Croissance chez les animaux.

Objectif : Mesurer la croissance du phasme de la naissance jusqu'à l'âge adulte.

Matériel :
- Un élevage de phasmes (voir l'activité : « Réaliser un élevage de phasmes », p. 49).
- Des pinceaux pour prélever et bouger les phasmes sans les abîmer.
- Des feuilles blanches.

Compétence transversale à évaluer (CP-CE1) : Compétence 3 « Les principaux éléments de mathématiques » – Grandeurs et mesures : « Utiliser les unités usuelles de mesure ; estimer une mesure » ; « Être précis et soigneux dans les mesures et calculs ».

• Déroulement

Inviter les élèves, par groupes de deux ou trois, à prélever les phasmes après l'éclosion (à l'aide de pinceaux) et à les déposer sur une feuille blanche. Faire tracer au crayon à papier deux traits au niveau des extrémités. Attention ! pour la mesure, s'assurer que les élèves partent bien de la tête et non des antennes.

L'avantage de cet animal est que, une fois prélevé, il s'immobilise et fait le mort. Il est donc facile de le mesurer.

Les enfants reportent en haut d'une feuille leur mesure et redessinent de manière très simplifiée le phasme entre ces mesures. Un rond pour la tête, un ovale pour le corps, six traits au niveau de l'ovale pour les pattes et deux traits sur la tête pour les antennes.

Exemple :

La date est écrite à gauche sur le dessin et elle est reportée sur le calendrier de la classe.

Réaliser le même travail toutes les deux semaines ; chaque dessin est réalisé sous le précédent.

Au final, l'ensemble des dessins permet de visualiser au cours du temps la croissance du phasme.

• Variante pour les CP-CE1

Le travail est le même, mais les élèves sont invités à estimer la taille du phasme en mesurant chacun de leurs dessins. Ils écrivent à côté le résultat obtenu en millimètres.

Ils développent ainsi la compétence transversale présentée ci-dessus.

Réaliser un élevage d'escargots

GS-CP-CE1

Programme : Croissance chez les animaux.

Objectifs :
- Apprendre à suivre un protocole, à respecter des règles d'élevage.
- Développer l'esprit d'observation.

Matériel :
- Un aquarium en verre rectangulaire.
- Du grillage fin ou une plaque en verre de la taille de l'aquarium (afin de fermer sa partie supérieure).
- Des graviers et de la terre.
- Des feuilles mortes.
- Un petit entonnoir en plastique.
- Des escargots trouvés dans la nature par vos soins ou par les enfants (attention ! pour la reproduction, les prendre tous de la même espèce).

Compétence transversale à évaluer (CP-CE1) : Compétence 1 « La maîtrise de la langue française » – « Lire seul et comprendre un énoncé, une consigne simple ».
Pour l'évaluer, donner les consignes de réalisation de l'élevage par écrit.

• Déroulement

Il est intéressant, si cela est possible, de réaliser plusieurs élevages (il existe des aquariums de petite taille) pour que des groupes de cinq à six enfants en aient chacun un en charge, de façon à les responsabiliser.

Ils préparent ainsi chacun leur élevage et en ont la gestion durant toute la période d'étude.

Réalisation de l'élevage

Distribuer un aquarium par groupe. Les consignes sont données au fur et à mesure à chacun des groupes. Pour les CP-CE1, il est possible de distribuer ces consignes par écrit (une lecture orale est réalisée au préalable) afin de développer la compétence transversale présentée ci-dessus.

• Déposer dans le fond de l'aquarium une couche de gravier de deux à trois centimètres d'épaisseur.

• Y enfoncer à moitié l'extrémité de l'entonnoir. Il sera ainsi possible d'introduire de l'eau dans la couche de gravier, sans détremper la terre, tout en maintenant le milieu humide (condition nécessaire au bon développement de l'élevage).

• Déposer au-dessus une couche de terre, en réalisant une légère pente (dix à quinze centimètres d'un côté et cinq à dix centimètres de l'autre), ce qui permettra d'avoir des taux d'humidité différents (plus sec en haut de la pente, plus humide en bas).

• Déposer sur la terre un lit de feuilles mortes.

• Introduire les escargots trouvés dans la nature.

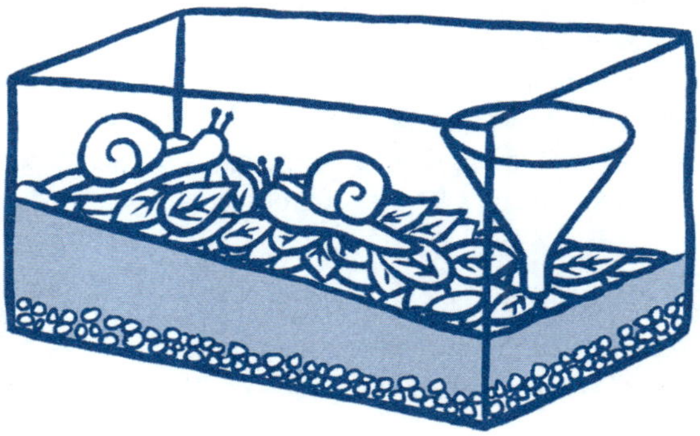

Si les escargots sont operculés (fermés par une couche solide), c'est qu'ils sont en vie ralentie. Le fait de les mettre dans un milieu humide et à 20 degrés va les réveiller.

Entretien de l'élevage

Désigner une équipe de deux à trois élèves, par semaine ou par mois, pour chacune des tâches suivantes (dans le cas d'un élevage pour toute la classe).

• Afin de maintenir un taux d'humidité constant durant l'élevage, il est important de remettre de l'eau sur les graviers à l'aide de l'entonnoir environ deux fois par semaine. Ne pas dépasser la mi-hauteur de la couche de gravier.

• Changer de temps en temps le lit de feuilles mortes afin d'éliminer régulièrement les excréments de l'élevage.

• Pour nourrir les escargots, donner des feuilles de salade, de choux, des morceaux de carotte, de tomate, des champignons trouvés dans la nature et de temps en temps des morceaux de coquille d'œuf (qui fournit le calcium nécessaire à la fabrication de la coquille). Veiller à ce que la nourriture soit toujours fraîche et qu'elle ne moisisse pas. Pour cela, vérifier au moins une fois par semaine les aliments.

Observations

Cet élevage est facile à réaliser, demande peu d'entretien et permettra, durant l'année, d'aborder de nombreux thèmes : la reproduction, la croissance, la nutrition, le déplacement... de l'escargot.

Pour ce type d'observations, on peut s'appuyer sur les expériences réalisées avec les phasmes (expériences 13 à 16).

Que faut-il pour qu'une plante pousse ?

GS-CP-CE1

Programme : Croissance chez les végétaux.

Objectif : Découvrir les éléments nécessaires à la croissance d'une plante au travers d'une démarche d'investigation.

Matériel :
- Un maximum de plants de radis ou de haricots, de salades…
- Un lieu obscur, un lieu éclairé, de quoi arroser.
- Un tableau des expériences par élève (annexes 9 et 10, p. 145 et 146).

• Rappel pour l'enseignant

Les végétaux sont, tout comme les animaux, des êtres vivants. Leur particularité est qu'ils fabriquent eux-mêmes leur nourriture. Ils n'ont pas, contrairement aux animaux, besoin de « manger ». Ils sont donc « autotrophes » (autonomes vis-à-vis de leurs nutriments) grâce au mécanisme de **photosynthèse**.

La photosynthèse permet la fabrication de sucres (le glucose) à l'aide d'eau et de dioxyde de carbone (CO_2), et ceci grâce à l'énergie fournie par la lumière. Un déchet est produit lors de ce mécanisme, qui se déroule au niveau des feuilles : le dioxygène (O_2).

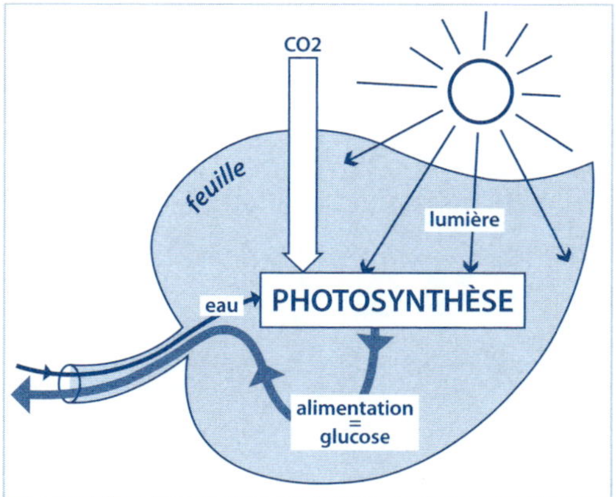

La photosynthèse.

Pour qu'une plante se développe, de nombreux éléments sont nécessaires. La molécule de base est le glucose fabriqué lors de la photosynthèse. Celle-ci sera ensuite modifiée grâce à l'ajout d'autres éléments, les sels minéraux, que la plante puise dans le sol à l'aide de ses racines. Ces sels minéraux sont par exemple contenus dans les engrais que l'on rajoute pour fertiliser un sol.

Les éléments nécessaires à la croissance des végétaux sont l'eau, la lumière, le dioxyde de carbone et les sels minéraux. La chaleur ne représente pas un élément nécessaire, mais une « condition de vie » qui permet la croissance de la plante.

Seulement deux de ces éléments seront testés, la nécessité d'eau et de lumière, car pour les deux autres l'expérience est soit trop longue (nécessité de sels minéraux), soit difficilement réalisable en classe (nécessité de CO_2).

Déroulement

Ce type d'expériences permet de réaliser facilement une démarche d'investigation scientifique :

- Les enfants vont émettre des **hypothèses** sur les éléments nécessaires au bon développement d'une plante.
- Pour les vérifier, ils vont réaliser des **expériences** à partir du matériel proposé et des schémas présentés dans un tableau.
- À partir d'observations, ils vont tirer des **conclusions** en répondant aux différentes hypothèses.

Formulation des hypothèses

Présenter aux élèves les plantes et leur demander quels sont, selon eux, les éléments nécessaires pour que ces plantes se développent. Un dialogue est amorcé avec les enfants.

Les trois hypothèses suivantes seront le plus souvent proposées : nécessité d'eau, de lumière et de terre (contenant les sels minéraux).

Proposer aux élèves de vérifier ces hypothèses par des expériences. Expliquer que, pour des raisons pratiques, seules les deux premières hypothèses seront vérifiées.

Expériences

Préciser, pour les GS-CP, que pour tester un facteur, il faut l'enlever. Par exemple, si la nécessité d'eau est testée, il faudra supprimer ce facteur.

Pour les CE1, on peut leur laisser le deviner. Ensuite, la schématisation est plus ou moins guidée en fonction du niveau de la classe.

Les élèves travaillent par groupes de deux ou trois.

Distribuer à chaque groupe le tableau des expériences à réaliser (annexe 9 pour les GS-CP, annexe 10 pour les CE1). Les deux lignes du bas sont à compléter à l'issue des expériences. Laisser les élèves observer les dessins et comprendre ce qu'il y a à faire. Au besoin, les aider.

Expliquer, si nécessaire, les différentes vignettes :

lumière

pas de lumière

eau

pas d'eau

Ainsi, les enfants doivent réaliser les trois expériences suivantes pour vérifier leurs hypothèses :

- Besoin d'eau : pas d'arrosage, ce qui permet d'enlever ce facteur.
- Besoin de lumière : disposition des plantes dans une pièce obscure, ce qui permet d'enlever ce facteur.
- Expérience témoin à réaliser avec les deux facteurs présents (pièce éclairée et arrosage), pour bien montrer que lorsque toutes les conditions sont réunies, la plante continue à se développer normalement.

Les expériences sont ensuite réalisées par les élèves.

Quelques plantes sont placées à l'obscurité afin de tester la nécessité de la lumière. Elles sont régulièrement arrosées. Les autres sont placées à la lumière, mais ne seront pas arrosées afin de vérifier l'importance de l'eau. Ne pas oublier de réaliser l'expérience témoin.

Observations et conclusions

Deux semaines après, les résultats sont observés.

Les enfants constatent que les plantes se développent lorsque tous les facteurs sont présents ; en revanche, les plantes non arrosées sont toutes sèches et mortes, alors que celles placées dans l'obscurité sont « blanchies » et vont bientôt mourir.

Lorsque la plante meurt, les élèves écrivent un *moins* sur la troisième ligne du tableau ; si elle est vivante, ils inscrivent un *plus* comme dans l'exemple ci-dessous.

Donner la conclusion de ces expériences sur la dernière ligne :

– en collant les pictogrammes correspondants pour les GS-CP ;

– en écrivant une phrase de synthèse pour les CE1.

Expliquer aux GS-CP, si nécessaire, la signification des différents pictogrammes et préciser qu'ils vont devoir choisir celui qui convient.

En synthèse, dire aux élèves que, pour qu'une plante pousse, il lui faut de l'eau et de la lumière : les hypothèses ont donc toutes été vérifiées.

Voici les résultats obtenus (le tableau des CE1 figure en page suivante) :

GS-CP

–	–	+

CE1

Hypothèse	Nécessité de lumière	Nécessité d'eau	Expérience témoin
Expérience			
Résultat	–	–	+
Conclusion	La plante a besoin d'eau.	La plante a besoin de lumière.	

Réaliser un jardin écologique

GS-CP-CE1

Programme : Croissance chez les végétaux.

Objectif : Au travers d'une activité ludique, le jardinage, découvrir les grands principes de fonctionnement des végétaux (germination, croissance, reproduction, nutrition).

Matériel :
- Des graines variées apportées par les enfants (graines de récupération qui « traînent » chez les parents ou grands-parents).
- Pour les semis en classe : des pots de yaourt en plastique, de la terre, des ciseaux, des lampes, des étiquettes autocollantes, des plateaux de cantine, des boîtes en plastique transparentes, un minuteur électrique, une multiprise.
- Pour les semis en pleine terre : des petits outils de jardinage, une bêche et un râteau, des tuteurs, des arrosoirs.

Déroulement

Trouver dans l'école ou non loin de l'école (des sorties ponctuelles à pied peuvent être organisées) une parcelle de terrain cultivable pouvant héberger le jardin.

Remarque

Dans les adresses utiles sont proposés des sites Internet contenant de nombreuses informations sur les dates de semis, les techniques de jardinage... (voir p. 159).

Étape 1

Exposer le projet aux enfants et présenter le matériel nécessaire. Expliquer que, dans un premier temps, des semis seront réalisés en classe dans les pots de yaourt puis repiqués dans le jardin.

Les graines apportées par les enfants sont observées. Faire remarquer leur variété de forme, de taille. Un petit exercice sur leur mode de déplacement peut être alors envisagé : graines emportées par les animaux, comme celles de tournesol ; graines déplacées par le vent ; d'autres mangées par l'animal et libérées dans ses excréments car non digérées, comme les pépins d'orange ou de citron... Un inventaire est réalisé.

Étape 2

Proposer une recherche sur Internet, dans des livres et à la maison, afin de réaliser un « calendrier du jardin ». Les enfants trouvent à partir de quelle période des semis en classe peuvent être réalisés, quand les repiquer dans le jardin (c'est-à-dire les replanter pour favoriser la croissance dans de meilleures conditions), à quelle époque certaines graines (les radis, par exemple) peuvent être semées directement en pleine terre.

En bilan, un calendrier mensuel est réalisé sur une grande feuille. Des codes couleur sont utilisés pour visualiser les différentes périodes : semis en classe, semis en pleine terre, repiquage et éventuellement récolte.

Étape 3

Organiser une séance au jardin à l'automne ou au début de l'hiver, afin de préparer la terre en la retournant et en la désherbant.

Étape 4

Demander aux enfants de réaliser les semis en classe.

Donner les consignes suivantes au fur et à mesure (un protocole quasi similaire est illustré pour l'expérience 20 en annexe 11 ; au besoin, s'y reporter) :

• Percer le fond des pots de yaourt de quatre trous afin de permettre l'écoulement de l'eau d'arrosage. Les remplir de terre jusqu'à un centimètre du bord.

• Semer les graines choisies (de deux à six graines par pot, en fonction de leur taille).

• Étiqueter les pots et écrire le nom de la plante.

• Disposer les pots dans les boîtes en plastique transparentes. Elles permettront de récupérer l'eau d'arrosage qui est en excès. Disposer les boîtes en plastique dans des plateaux de cantine, ce qui permettra de ne pas salir la classe et de les déplacer facilement.

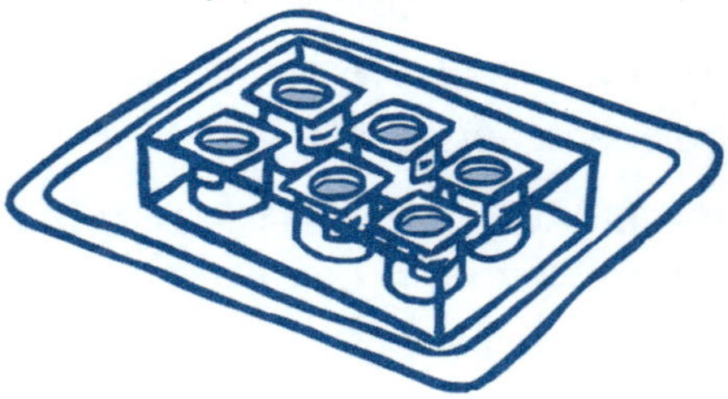

• Arroser.

• Éclairer 12 heures par jour à l'aide de lampes branchées sur une prise multiple. Pour cela, programmer le minuteur sur la prise. Si cela n'est pas possible, poser les cultures à côté d'une fenêtre. Dès la germination, tourner régulièrement les pots car les plantes vont se diriger vers la lumière et prendront une forme qui ne sera pas compatible avec un repiquage. Si l'enseignant ou un autre adulte est bricoleur, l'idéal est d'éclairer à l'aide de tubes au néon posés sur un support. Ces derniers permettront un éclairage homogène.

Veiller à bien programmer ces semis en fonction des dates de repiquage.
Certaines plantules issues de la germination, comme la salade et la carotte, doivent être repiquées assez vite car elles « montent » rapidement et deviennent alors fragiles.

Étape 5

La suite se déroule au jardin.
Réaliser le repiquage en fonction du calendrier des semis réalisés en classe et des semis des autres graines en pleine terre.
Arroser copieusement.
Il ne reste alors plus qu'à aller régulièrement au jardin pour l'arroser, désherber et mettre des tuteurs sur certaines plantes (tomates, haricots verts grimpants...).

• Variante

Il est aussi possible de fleurir le jardin en y plantant des bulbes. Tout comme pour les graines, il faut d'abord réaliser un calendrier des plantes à bulbe avant de procéder au jardinage.

• Prolongement

Le jardin écologique peut être utilisé pour observer et étudier la germination des graines, l'organisation d'une fleur, le rôle des différents organes de la plante, le cycle de vie d'une plante (le haricot, par exemple), les conditions et la vitesse de germination des graines, les différents types de graines...

20

Toutes les graines ne germent pas à la même vitesse

GS-CP-CE1

Programme : Croissance chez les végétaux.

Objectifs :
- Montrer que le mécanisme de la germination, commun à toutes les plantes produisant des graines, ne se déroule pas à la même vitesse en fonction de l'espèce étudiée.
- Suivre un protocole simple.

Matériel :
- Des pots de yaourt en plastique (en parler assez tôt aux enfants pour qu'ils les rapportent propres au fur et à mesure).
- De la terre.
- Des grosses cuillères.
- Des assiettes creuses.
- Des ciseaux.
- Des verres en plastique.
- Des plateaux (type cantine).
- Des étiquettes autocollantes.
- Des graines de radis, de haricot, de salade (laitue ou feuille de chêne), de persil, de pois...
- Un protocole illustré par élève ou par groupe d'élèves (annexe 11, p. 147).
- Le tableau de germination (à réaliser au préalable par l'enseignant).

Compétences transversales à évaluer :

• Compétence 1 « La maîtrise de la langue française » – « Lire seul et comprendre un énoncé, une consigne simple » (CE1).

• Compétence 3 « Les principaux éléments de mathématiques » – Partie organisation et gestion de données : « Utiliser un tableau, un graphique » (CP-CE1).

Déroulement

Les enfants sont répartis par groupes de deux.

Étape 1

Distribuer quatre pots par groupe, de la terre dans l'assiette creuse, un verre en plastique, une grosse cuillère, quatre étiquettes et les graines dans une enveloppe sur laquelle est inscrit lisiblement le nom de la plante.

Si les enfants ne visualisent pas bien les plantes qui correspondent à leurs graines, leur montrer un échantillon réel ou sur photographie.

Le protocole ci-dessous peut être présenté, en fonction du niveau, sous forme d'une bande dessinée (voir annexe 11) ou à l'écrit (au tableau ou sur une photocopie) ; ce dernier cas permet de travailler la compétence transversale présentée ci-dessus.

Protocole

• Percer de trois trous le fond des pots de yaourt avec les ciseaux. L'eau excédentaire venant de l'arrosage peut ainsi être évacuée.

• Écrire sur les quatre étiquettes le nom de la plante qui est semée et le prénom de chaque élève du groupe.

• Coller une étiquette par pot.

• Remplir les pots de terre à l'aide de la cuillère, tasser légèrement.

• Semer en fonction de la taille de la graine deux à quatre graines par pot, et les enfoncer légèrement dans la terre.

• Remplir à moitié d'eau le verre en plastique et arroser la terre pour l'humidifier. Attention de ne pas déborder !

• Déposer les pots sur un plateau (l'eau excédentaire ne coulera pas ainsi sur les tables).

Pour information, voici la vitesse approximative de germination de différentes graines à la température de la classe.

– Radis : 2-3 jours.

– Lentille verte, tournesol, pois chiches, blé, laitue : 3-4 jours.

– Haricot : 3-5 jours.

– Moutarde, maïs, tomate : 4-6 jours.

– Carotte, courge, fève : 5-8 jours.

– Pois : 10-15 jours.

– Persil : 16-22 jours.

Étape 2

Réaliser un tableau sur ce modèle (à adapter en fonction des graines semées) et le distribuer à chaque enfant.

En fonction du niveau, on peut mettre un dessin de la plante au lieu d'écrire le nom. De même, si le travail sur le calendrier a déjà été réalisé (voir l'activité 8 : « Des outils pour repérer et mesurer le temps »), il est possible d'utiliser les dates plutôt que les chiffres dans le tableau (prévoir dans ce cas une feuille plus grande).

Nom de la plante	1	2	3	4	5	6	7	8	9	10	11	12	13	14	15	16	17	18	19	20	21	Durée de la germination
Tournesol																						
Haricot																						
Radis																						
Pois																						
Persil																						
Carotte																						

Expliquer aux enfants que ce tableau va être complété tous les jours. Tant que la graine n'a pas germé, on met une croix par jour passé. Une fois la germination constatée, on arrête et le nombre total de croix obtenu est noté dans la dernière colonne, ce qui permet de visualiser la durée de germination.

Les enfants constatent ainsi que, en fonction de la plante étudiée, la vitesse de germination est très variable et qu'il est très important pour les jardiniers d'en tenir compte.

Ce type de document permet en outre de développer la compétence 3 (en mathématiques) présentée ci-dessus.

• Prolongement

Les semis réalisés durant cette activité peuvent être réutilisés soit lors d'autres activités (par exemple, l'expérience 18 : « Que faut-il pour qu'une plante pousse ? »), soit repiqués pour réaliser le jardin écologique (voir l'expérience précédente).

À quoi servent les organes de la plante ?

GS-CP-CE1

Programme : Croissance chez les végétaux.

Objectif : À partir d'expériences simples, découvrir le rôle des principaux organes de la plante : en quoi permettent-ils sa croissance ?

Matériel :
- Des plantes en pots de petite taille (à « sacrifier »).
- Des fleurs d'œillet blanc.
- Des branches de céleri.
- Des grands verres en plastique ou des pots de confiture.
- Du colorant rouge.
- Un schéma de la plante à compléter par élève (voir annexes 12 et 13, p. 148-149).

Déroulement

Les différentes expériences proposées peuvent soit être réalisées les unes après les autres en plusieurs séances, soit réalisées durant la même séance et par différents groupes d'élèves. Dans ce cas, faire trois ou quatre groupes de deux pour chacune d'elles.

Poser le problème

Faire rappeler aux enfants ce qui, selon eux, permet à une plante de grandir, de pousser. Si l'expérience 18 n'a pas été réalisée, il est possible de les guider en comparant avec l'homme, qui a besoin, pour survivre, de boire et de s'alimenter.

Puis amener les enfants à se poser ces questions : Comment les plantes font-elles pour « boire et manger » ? Quelles parties de la plante lui permettent de « boire et manger » ?

En étudiant l'anatomie de la plante, les enfants ont observé trois principaux organes : les racines, la tige et les feuilles. Leur demander alors : Quel va être leur rôle respectif dans la croissance de la plante ?

Afin de le découvrir, les trois expériences suivantes vont être réalisées.

Expérience 1 : le rôle de la feuille

Distribuer à chaque groupe une plante en pot et l'aider à arracher la majorité de ses feuilles. En garder trois ou quatre que les enfants vont masquer à l'aide de deux morceaux de papier noir qui la prennent « en sandwich » et qui sont maintenus par des trombones.

Après quelques jours, les feuilles restantes commencent à jaunir. Les enfants constatent que la plante est malade. Demander aux enfants si les feuilles sont desséchées. La réponse est non. La plante n'est donc pas dans cet état suite à un manque d'eau. En déduire que la plante ne s'alimente plus correctement. Ainsi, les feuilles sont les parties de la plante qui permettent à la plante de se nourrir. On peut préciser qu'elle fabrique ses aliments au niveau des feuilles à l'aide de la lumière du soleil. Sans lumière, les feuilles jaunissent puis la plante meurt.

Expérience 2 : le rôle des racines

Distribuer à chaque groupe une plante en pot et l'aider à couper la racine. La plante est laissée sur une assiette. Les élèves constatent rapidement que la plante se dessèche. Elle ne peut plus « boire ». La tige et les feuilles ne permettent pas à la plante de s'approvisionner en eau. Ainsi, ce sont les racines qui prélèvent l'eau dans le sol.

Expérience 3 : le rôle de la tige

Faire tremper la tige de l'œillet blanc dans le liquide coloré rouge. Quelques heures après, les enfants remarquent que les pétales deviennent finement colorés en rouge. Le liquide est donc monté du verre vers la fleur. La tige a permis la circulation de l'eau colorée du bas vers le haut.

Puis faire tremper une branche de céleri dans ce liquide rouge. Quelques heures après, la classe observe par transparence que des petits tuyaux situés dans la tige se sont colorés en rouge. L'eau circule donc dans la tige dans des petits tuyaux.

Au CP et au CE1, il est possible de donner le vocabulaire précis. Le liquide se nomme la **sève** et les tuyaux sont des **vaisseaux**. Cette sève circule dans les deux sens :

– des racines vers les feuilles pour alimenter en eau l'ensemble de la plante ;

– des feuilles vers les racines pour alimenter en nourriture les différentes parties.

Trace écrite

• En GS et au début du CP, les enfants complètent le dessin proposé dans l'annexe 12. Ils relient par un trait les différents organes de la plante. Ils collent chaque vignette à sa place.

Voici le corrigé :

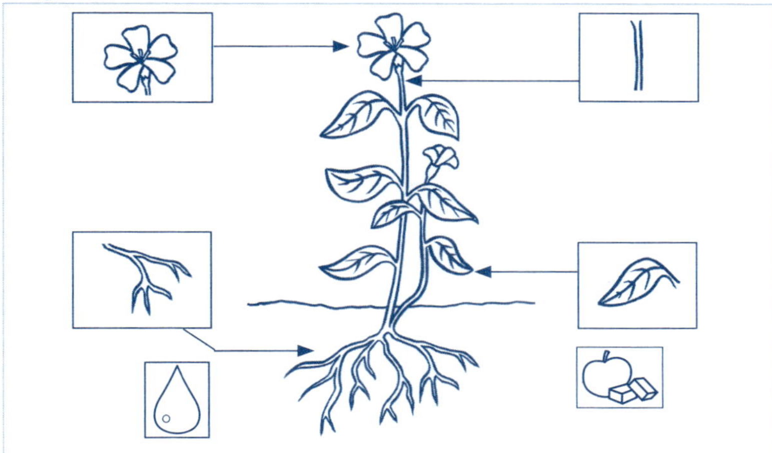

• Au CP et au CE1, ils complètent le schéma de l'annexe 13. Ils collent la vignette représentant l'eau au niveau des racines et dessinent plusieurs flèches bleues qui visualisent sa circulation jusqu'aux feuilles.

Ils collent la vignette représentant la nourriture à côté d'une feuille et dessinent plusieurs flèches rouges qui visualisent sa circulation jusqu'aux racines.

Ils écrivent les légendes suivantes : *racines*, *tige*, *feuille*.

Voici ci-contre le corrigé :

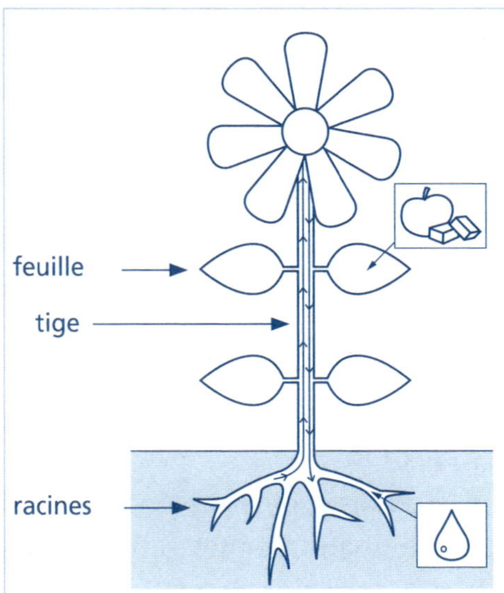

Le régime alimentaire de l'escargot

GS-CP-CE1

Programme : Nutrition et régime alimentaire des animaux.

Objectif : Découvrir, à partir d'une démarche d'investigation, le type de régime alimentaire de l'escargot, avec ses préférences.

Matériel :
- Un élevage d'escargots.
- Des aliments variés d'origine végétale (salade, carotte, pomme de terre, tomate, pomme, morceau de pain…) et animale (morceau de viande de bœuf, jambon, blanc d'œuf…).
- Des pots en verre (type yaourt) pour permettre une observation aisée.

Remarque préalable

Cette démarche (qui suit celle décrite dans l'expérience 18) est simple à mettre en place car les enfants trouvent de nombreuses hypothèses et inventent aisément les expériences permettant de les vérifier.

Pour que les enfants puissent rapidement observer le résultat de leur expérimentation, il est préférable d'« affamer » les escargots en les faisant jeûner durant deux semaines environ.

• Déroulement

Par groupes de deux ou trois, en fonction du nombre d'escargots à disposition, distribuer deux escargots.

Formulation des hypothèses

Dans un premier temps, les hypothèses sont émises par la classe sur leur mode de nutrition.

Les deux principales catégories d'aliments vont généralement apparaître. On peut alors aborder les différents types de régimes alimentaires. Amener les élèves à se poser cette question : « L'escargot est-il herbivore, carnivore ou omnivore ? »

Rappeler éventuellement leurs spécificités :

– Herbivore : qui se nourrit d'aliments d'origine végétale.

– Carnivore : qui se nourrit d'aliments d'origine animale.

– Omnivore : qui se nourrit d'aliments d'origine végétale et animale.

Dans un deuxième temps, on peut se poser la question de ses préférences alimentaires au sein d'un régime. Par exemple, préfère-t-il la salade ou la pomme de terre ?

Chaque groupe est invité à tester quatre hypothèses en expérimentant, dans la mesure du possible, deux aliments dont le résultat est négatif et deux autres dont le résultat est positif.

Expérience

Chaque escargot est disposé dans un pot en verre. Veiller à ce que les enfants les manipulent doucement afin qu'ils sortent le plus rapidement possible de leur coquille. Un aliment est disposé dans le pot.

Les élèves observent.

Aliments testés : salade, jambon, carotte, bœuf.

Attention ! si l'escargot va sur l'aliment, cela ne signifie pas obligatoirement qu'il en consomme. Bien faire vérifier après coup qu'il a été en partie mangé. Demander aux groupes d'attendre environ trois à quatre minutes pour chacune des expériences.

Observations et conclusions

Les résultats peuvent être présentés sous forme d'un tableau qui sera complété au fur et à mesure des observations :

– en GS, les aliments sont dessinés dans le tableau ;

– au CP et au CE1, le nom des aliments est écrit.

Écrire un *plus* (+) lorsque l'aliment est mangé, un *moins* (–) s'il est ignoré. Au CP et au CE1, on peut affiner en notant « +/– » s'il le goûte, mais sans plus, et noter la voracité de l'animal en modulant le nombre de *plus* :

+ = le mange normalement ;

++ = le mange rapidement.

Pour conclure, faire observer le tableau : les élèves constatent que seuls des aliments d'origine végétale ont été consommés. L'escargot est donc un animal végétarien. Au sein de ce régime, il a des préférences alimentaires telles que la salade…

23

Le régime alimentaire de la mésange au cours des saisons

GS-CP-CE1

Programme : Nutrition et régime alimentaire des animaux.

Objectifs :
- Observer le régime alimentaire, en hiver et au printemps, d'un oiseau très commun dans la cour d'école.
- Comprendre que certains animaux changent de régime au cours des saisons.

Matériel :
- Des jumelles.
- Des nichoirs (voir l'activité 36, « Construire un nichoir pour les mésanges », p. 118).
- Des documents (photographies, livres de détermination des oiseaux…) permettant aux élèves de reconnaître les mésanges.

• Rappel pour l'enseignant

Les mésanges sont des oiseaux communs dans toutes les régions de France métropolitaine. Les plus communes sont les mésanges charbonnière et bleue. Moins fréquentes sont les mésanges nonnette, noire et huppée.

Les différentes mésanges :

charbonnière | bleue | nonnette | noire | huppée

Elles se nourrissent essentiellement d'insectes l'été et, durant l'hiver, de baies ou de graines. Elles sont donc capables de changer de régime alimentaire en fonction des saisons, ce qui leur permet de rester sur place en hiver, contrairement à d'autres oiseaux, comme l'hirondelle, qui migrent vers les pays chauds pour trouver leur nourriture exclusive que sont les insectes.

• Déroulement

Avant de réaliser le travail d'observation, il est important de présenter aux enfants les différents types de mésanges, et notamment les plus courantes, afin de faciliter le repérage. Pour cela, s'appuyer sur des photos ou documents trouvés sur Internet, dans les encyclopédies, etc. Cette recherche peut être effectuée par les élèves.

Puis, afin d'observer le changement de régime alimentaire durant les saisons, l'observation des mésanges doit se dérouler en deux temps.

Observation hivernale

Il est conseillé d'installer des nichoirs pour faciliter cette observation (attention à l'orientation). S'ils sont fabriqués en classe (voir l'expérience 36), chaque enfant dispose d'un nichoir. Ils peuvent les disposer soit chez eux, soit dans la cour de l'école, ou encore dans tout autre lieu approprié (jardin d'un voisin, parc...), à condition de demander une autorisation.

Les observations se font également plus facilement si ce sont les enfants qui leur donnent à manger (par exemple, des graines et des boules de graisse). Il est possible aussi d'installer des mangeoires.

Enfin, pour mieux comprendre et expérimenter l'alimentation de la mésange, on peut effectuer le même type de démarche que pour l'activité 22 (« Le régime alimentaire de l'escargot », p. 76) afin de déterminer quels sont les aliments préférés des divers types de mésanges.

L'observation doit être discrète et réalisée par petits groupes d'élèves, les autres étant occupés par une autre activité. Mais le plus pratique reste une observation réalisée de la fenêtre de la classe (à l'aide de jumelles). Les enfants peuvent alors regarder de manière autonome pendant environ une dizaine de minutes.

Les informations collectées peuvent être complétées par celles réalisées à la maison.

Suite à leurs observations, les enfants concluent que l'hiver, les mésanges se nourrissent essentiellement de graines.

Observation au printemps

Durant cette période, il est nécessaire de continuer à donner des graines aux oiseaux. Les enfants constatent qu'elles disparaissent beaucoup moins vite et que les mésanges se font de plus en plus rares sur la zone de nourriture.

Ils en déduisent qu'elles ne mangent plus la même chose, qu'elles ont changé de régime alimentaire.

C'est en observant aux jumelles les nichoirs ou des mésanges isolées sur une branche qu'ils vont remarquer qu'elles ont souvent des insectes dans leur bec. Si cette observation n'est pas faite directement, une recherche sur la nutrition des mésanges peut être réalisée sur différents supports (Internet, livres documentaires, etc.).

Suite à ces observations, les enfants concluent que les mésanges se nourrissent d'insectes durant la belle saison et de graines en hiver. Demander pourquoi ce changement. Faire comprendre, à l'aide d'une discussion collective plus ou moins guidée, que les insectes n'étant plus présents l'hiver, si elles ne changeaient pas de régime alimentaire, elles mourraient de faim.

Trace écrite

Une grande affiche collective est réalisée qui a pour titre : « Les mésanges changent d'alimentation au cours des saisons. »
La séparer en deux : d'un côté le régime hivernal, de l'autre le régime printanier.
L'illustrer à l'aide de photos ou de dessins réalisés par les enfants.

• Prolongement

On peut ensuite aborder, pour aller plus loin, les principaux moyens utilisés par les animaux pour passer l'hiver, tels que la migration ou l'hibernation (voir l'expérience 28, p. 94).

Le vivant et le non-vivant

GS-CP-CE1

Programme : Les êtres vivants et leur environnement – Comprendre les interactions entre les êtres vivants.

Objectif : Apprendre à différencier le vivant du non-vivant en découvrant les caractéristiques propres aux êtres vivants.

Matériel :
- Des animaux mobiles (hamster de la classe, vers de terre, escargots, phasmes, poisson rouge…) et des animaux immobiles ou peu mobiles (huître, oursin, une éponge naturelle, qui est un animal…).
- Des végétaux (plantes de la classe, algues, mousses, fougères…).
- Des pierres.
- Un téléphone.
- Un jouet télécommandé.
- Une bouteille.
- De l'eau.
- Les cartes illustrées de l'ensemble des éléments choisis (elles doivent avoir chacune la taille d'une carte à jouer ; voir l'exemple ci-après).

Compétence transversale à évaluer : Compétence 1 « La maîtrise de la langue française » – « Participer en classe à un échange verbal en respectant les règles de communication ».

• Déroulement

Étape 1

Faire observer aux enfants, en les présentant, les différents éléments décrits dans le matériel. Bien entendu, cette liste est à adapter en fonction du matériel disponible et du choix de l'enseignant.

Distribuer la feuille photocopiée les représentant. Les enfants découpent les différentes cartes. Répartir les élèves par groupes (selon le nombre de groupes, il sera peut être nécessaire de dupliquer les cartes).

Exemple :

À l'aide de leurs connaissances et des observations réalisées sur les éléments « réels », demander aux enfants de trier les différentes cartes en deux groupes : le vivant et le non-vivant.

Dans cette étape, les élèves sont donc amenés à émettre des hypothèses sur ce qui est vivant et sur ce qui ne l'est pas, en s'appuyant sur divers critères (« ça bouge, ça fait du bruit... »).

Étape 2

Mettre en commun les résultats proposés et interroger sur les critères utilisés par les élèves et qui ont permis ce classement. Une discussion s'ensuit, lors de laquelle les groupes argumentent afin de justifier leur tri.

Bien souvent, pour les enfants, les animaux qui ne bougent pas et les végétaux ne sont pas classés dans le vivant. Pour eux, ce qui bouge est vivant. Leur montrer que le jouet télécommandé ou des aimants qui s'attirent peuvent bouger, mais que ce ne sont pas des êtres vivants. Au contraire, les végétaux qui peuvent grandir et se reproduire sont des êtres vivants.

D'autres critères non valides peuvent être proposés par les enfants : le fait d'émettre des sons (instrument de musique), de marcher (robot) ou de voler (avion) n'est pas le propre du vivant.

Dans cette étape, les élèves sont donc amenés à :

- comparer leur argumentation avec celle d'autres groupes qui n'ont pas émis les mêmes hypothèses (« ce n'est pas parce que cela bouge que c'est vivant ») ;
- remettre en cause leur argumentation en cas d'erreur.

Étape 3

À l'issue de cet échange, les élèves, avec l'aide de l'enseignant, arrivent à une conclusion finale définissant le vivant et le non-vivant.

Ce qui caractérise le vivant est la capacité à **se reproduire, grandir** et à **produire** soi-même de l'**énergie** essentiellement lors de la respiration. Pour cela, les êtres vivants ont besoin de **nourriture,** qu'ils puisent dans le milieu où ils vivent lorsque ce sont des animaux ou qu'ils fabriquent eux-mêmes lors de la photosynthèse lorsque ce sont des végétaux.

La diversité des animaux de la cour de l'école

GS-CP-CE1

Programme : Les êtres vivants et leur environnement – Comprendre les interactions entre les êtres vivants.

Objectifs :
- Observer et nommer les différents animaux présents dans la cour de l'école.
- Prendre conscience de leur diversité.

Matériel :
- Un livre de détermination des oiseaux (ou des documents puisés sur Internet).
- Des insectes.
- Un jeu de cartes d'animaux préalablement préparé par l'enseignant.
- Des loupes et des paires de jumelles.
- Des petites cuillères et des pinces pour attraper les animaux.
- Des boîtes percées de trous fins et des pots fermés avec un filet ou une gaze pour y déposer les animaux.

Préparation

Préparer à l'avance le jeu de cartes avec les animaux : chercher sur Internet les photographies des animaux qui vont pouvoir être observés par les enfants. Les imprimer et les coller sur un support cartonné ou sur du bristol. Chaque animal doit être représenté en plusieurs exemplaires. Ce jeu pourra être complété au fur et à mesure des découvertes.

Prévoir également des cartes vierges afin d'y marquer le nom d'un animal nouvellement découvert.

Voici des exemples d'animaux à chercher : araignée, abeille, papillon, mouche, puceron, chenille, sauterelle, grillon, cloporte, mille-pattes, ver de terre, escargot, mésange, hirondelle, moineau, merle, pinson, pigeon, pie, écureuil et tout autre animal qui peut être propre à l'environnement de l'école.

Préparer également à l'avance les boîtes et les pots permettant de récupérer les animaux trouvés. En prévoir un nombre suffisant.

• Déroulement

Collecte

Au début du mois de septembre ou à partir du printemps, une sortie est organisée dans la cour de l'école où a été défini au préalable un « périmètre de découverte ». Les élèves doivent, par groupes de trois, rechercher la plus grande diversité d'animaux possible.

Dès qu'un animal est trouvé et lorsque cela est possible (animaux de petite taille tels qu'insectes, araignées, vers de terre...), ils l'attrapent délicatement et le déposent dans une boîte ou un pot fermé avec une gaze. La récolte est présentée régulièrement à l'enseignant, puis chaque animal est reposé là où il a été trouvé. Pour chaque animal découvert, la carte qui lui correspond est donnée au groupe.

Lorsqu'il n'est pas possible pour les enfants d'attraper l'animal (oiseau, écureuil...), ils vont chercher le plus discrètement possible l'enseignant et le lui montrent.

Afin de motiver les élèves, il est possible de préciser que l'équipe gagnante est celle qui a trouvé en premier six espèces différentes d'animaux.

De retour en classe, récupérer l'ensemble des cartes : ce jeu correspond donc au recensement des animaux de l'école.

Remarque

Certains animaux tels que des oiseaux, qui sont normalement présents, n'ont pas été vus car effrayés par les élèves. Une observation par la fenêtre de la classe peut alors être réalisée. Si, durant les semaines suivantes, d'autres animaux sont observés lors des récréations, ils peuvent être ajoutés.

Classement

Demander à chaque groupe de classer les différents animaux rencontrés à l'aide des cartes.

• En GS, on peut réaliser différents types de classements :
- du plus petit au plus grand ;
- en fonction du mode de déplacement (marche, saute, vole, rampe…) ;
- du plus lent au plus rapide.

• En CP et en CE1, un classement en fonction des caractéristiques des différentes espèces est envisageable, ce qui va permettre de mettre en évidence la diversité des animaux trouvés dans la cour :
- Distinguer vertébré (présence d'un squelette, d'une colonne vertébrale) et invertébré (pas de squelette ou squelette externe tel qu'une carapace). Chez le poisson, il y a des arêtes ; lorsque l'on mange du poulet, une côte d'agneau ou de porc, il y a des os qui sont caractéristiques des vertébrés (la colonne vertébrale est constituée d'os, les vertèbres). Les invertébrés (comme le ver de terre) ne possèdent pas d'os et donc pas de colonne vertébrale.
- Reconnaître, parmi les invertébrés, les insectes (trois paires de pattes, une paire d'antennes), les arachnides (quatre paires de pattes, pas d'antennes), les mille-pattes (grand nombre de paires de pattes, une paire d'antennes), les vers (pas de pattes, corps allongé et mou), les mollusques (corps mou protégé dans une coquille)…
- Classer les différents vertébrés observés (mammifères, oiseaux…).

Ce travail peut être accompagné d'une recherche sur Internet où il existe de nombreux sites ou blogs présentant une classification simplifiée des animaux.

Trace écrite

Suite à cette classification, il est possible de réaliser une affiche collective des « Animaux présents dans l'école » (elle est illustrée par les cartes à jouer).

Elle peut être complétée durant l'année au fur et à mesure des différentes découvertes.

Les animaux dans notre environnement au cours des saisons

GS-CP-CE1

Programme : Les êtres vivants et leur environnement – Comprendre les interactions entre les êtres vivants.

Objectifs :
- Dresser un inventaire des animaux présents dans la cour de l'école durant l'hiver et au printemps.
- Comparer ces inventaires et trouver les divers moyens utilisés par les animaux pour passer l'hiver.

Matériel :
- Un livre de détermination des oiseaux (ou des documents puisés sur Internet).
- Des insectes.
- Un jeu de cartes d'animaux préalablement préparé par l'enseignant (voir l'expérience précédente).
- Des loupes et des paires de jumelles.
- Des petites cuillères et des pinces pour attraper les animaux.
- Des boîtes percées de trous fins et des pots fermés avec un filet ou une gaze pour y déposer les animaux.
- Le tableau « Que font ces animaux durant l'hiver ? » à compléter par élève (annexe 14, p. 150).

• Rappel pour l'enseignant

Les animaux adoptent différentes stratégies afin de survivre aux contraintes imposées par l'hiver (froid, rareté de la nourriture).

Certains restent actifs. Ils sont équipés pour résister au froid et font soit des réserves de nourriture (comme l'écureuil), soit changent de régime alimentaire (la mésange se nourrit essentiellement d'insectes l'été et de graines l'hiver ; voir l'expérience 23). D'autres, ne pouvant résister au froid et ne trouvant plus de nourriture, vont migrer vers des pays plus cléments (comme l'hirondelle et la cigogne) ou vont entrer, après avoir constitué des réserves de graisse, dans un long sommeil appelé hibernation (tels la marmotte et le loir). De nombreux animaux, notamment les insectes, meurent à l'arrivée du froid. Certains vont pondre durant le printemps ou l'été, et ce sont les œufs qui vont permettre à l'espèce de survivre durant l'hiver. Pour d'autres, les œufs vont éclore avant et donner des larves. Ces insectes vont passer l'hiver sous forme de larves qui se métamorphosent en adultes au printemps (comme la libellule ou les coléoptères tels que le hanneton).

• Déroulement

Cette activité se déroule en trois étapes.

- La première étape, réalisée au mois de septembre, est la même que celle décrite dans l'activité précédente, « La diversité des animaux de la cour de l'école ».
- La deuxième se déroule selon le même principe, mais en hiver.
- La troisième étape, décrite ci-dessous, se déroule en classe, suite à la sortie hivernale : une comparaison du peuplement animal en été et en hiver est alors réalisée, qui aboutit à l'étude du comportement de certains animaux en hiver.

Observations avec les GS

L'ensemble des cartes, correspondant aux animaux trouvés en septembre, est redistribué à chaque groupe d'enfants. Ceux-ci sont invités à former des paires avec les cartes qui correspondent aux observations réalisées durant l'hiver.

Les élèves constatent que, pour certains animaux, la formation de paires a été possible et que pour d'autres cela n'a pas été le cas.

Les enfants doivent alors comprendre que lorsqu'une paire n'a pas été reformée, c'est que l'animal correspondant n'est plus visible en hiver.

Une question se pose alors : « Que sont devenus ces animaux ? »

On peut envisager d'expliquer, à l'issue d'une discussion, que certains sont partis parce qu'ils avaient trop froid (en réalité, le plus souvent ils partent car ils ne trouvent plus de nourriture sur place), que d'autres dorment durant l'hiver et que les animaux qui sont encore présents sont ceux qui trouvent encore à manger (voir l'exemple des mésanges, dans l'expérience 23).

Observations avec les CP-CE1

Tout comme en GS, les cartes sont comparées.

Les enfants vont devoir répondre à l'une de ces deux questions en fonction de l'animal étudié :

- « Qu'est devenu cet animal que l'on a pu observer en hiver ? »
- « Pourquoi cet animal arrive-t-il à rester dans notre région en hiver ? »

Pour répondre aux questions, les enfants travaillent toujours en petits groupes. À chacun est attribué quatre animaux.

En fonction des ressources disponibles, un premier travail de recherche peut être réalisé dans le centre de documentation de l'école. Ensuite, la recherche se poursuit sur Internet.

Trace écrite (GS-CP-CE1)

Distribuer à chaque enfant le tableau « Que font ces animaux durant l'hiver ? » (annexe 14). Les enfants le complètent individuellement ou par petits groupes, selon le niveau. Il est également envisageable de le faire sous forme d'affiche qui sera ensuite accrochée en classe.

Dans la colonne « Présence en hiver », les élèves inscrivent un *plus* si c'est le cas et un *moins* en cas d'absence.

Dans la colonne « Comment passe-t-il l'hiver ? », ils collent le pictogramme correspondant (ils auront été expliqués au préalable) : « reste actif » (souris), « hiberne » (ours), « migre » (oiseau), « change de forme » (papillon).

Voici le résultat obtenu :

Que font ces animaux durant l'hiver ?		
Animal étudié	**Présence en hiver**	**Comment passe-t-il l'hiver ?**
Écureuil 	+	
Scarabée 	–	
Hirondelle 	–	
Hérisson 	–	
Mésange 	+	

27

Qu'est-ce que les différentes plantes à fleurs ont en commun ?

GS-CP-CE1

Programme : Les êtres vivants et leur environnement – Comprendre les interactions entre les êtres vivants.

Objectif : Observer différentes plantes à fleurs et constater que, malgré leur variété de formes, elles possèdent toutes en commun une structure similaire et donc les mêmes organes.

Matériel : – Des plantes à fleurs variées observées en salle et dans la cour de l'école.
– Un schéma de la plante à compléter par élève (voir annexes 15 et 16, p. 151-152).

• Déroulement

On va ici se contenter d'observer les plantes à fleurs, afin de ne pas trop compliquer cette étude. On ne parlera donc pas des algues, des mousses, des fougères...

Étape 1

Dans un premier temps, aller dans la cour et arracher avec précautions quelques plantes comme le pissenlit, le bouton d'or ou d'autres plantes qui sont en fleurs. Si cela n'est pas possible, se procurer quelques plantes en fleurs dans des godets en plastique (fraisier, œillets d'Inde, impatiens...).

Débarrasser les racines de leur terre.

Étape 2

Étaler sur une grande feuille blanche les différentes plantes « nettoyées ».

Faire trouver aux enfants les points communs entre toutes ces plantes.

Pour cela, partir du bas des plantes en allant vers le haut.

Les enfants vont remarquer qu'elles possèdent toutes des racines, puis une tige qui porte des feuilles et parfois des fleurs.

Étape 3

Proposer ensuite aux élèves de sortir dans la cour et faire observer un arbre. Demander : « Y trouve-t-on aussi ces différentes parties ? »

Au bas du tronc, ils peuvent voir le départ des racines. Le tronc correspond à la tige que l'on a pu observer sur les plantes plus petites. Il possède aussi des feuilles et sur certains arbres, comme le cerisier ou le marronnier, on observe des fleurs. Tous les arbres possèdent des fleurs, mais pour beaucoup elles sont discrètes et ne sont pas colorées.

Les plantes à fleurs sont donc toutes constituées des mêmes parties, qui correspondent à leurs organes :

– les racines ;

– une tige plus ou moins importante et qui souvent se ramifie ;

– des feuilles ;

– des fleurs.

Trace écrite

• En GS, faire compléter le document 15 en faisant coller l'organe représenté en face du trait de légende auquel il correspond.

• Au CP et au CE1, faire ajouter les légendes écrites sur le dessin de l'annexe 16.

Voici le résultat obtenu (en GS, il n'y a que les étiquettes, et au CP-CE1, il n'y a que les légendes écrites) :

Le tri des déchets

GS-CP-CE1

Programme : Apprendre à respecter l'environnement.

Objectifs :
- Établir une liste des matériaux recyclables, en s'appuyant sur des recherches (Internet ou document lié à la collecte des déchets dans la ville) et sur des emballages.
- Apprendre à trier des poubelles, et notamment celles de recyclage.

Matériel :
- Le contenu d'une poubelle dont les déchets salissants auront été prétriés et pour certains nettoyés (voir le déroulement ci-dessous).
- Des grandes caisses en plastique pour faire le tri.
- Une balance.
- Une affiche présentant les différents déchets et comment les trier et/ou des prospectus expliquant le tri (à se procurer auprès de la mairie ou à imprimer après une recherche sur Internet).

Compétence transversale à évaluer : Compétence 6 « Les compétences sociales et civiques – Avoir un comportement responsable » : « Respecter les autres et les règles de la vie collective ».

Déroulement

Étape 1

Dans un premier temps, montrer le contenu d'une poubelle à la classe en étalant sur une table de la classe les déchets qui sont en partie déjà organisés et nettoyés. Elle contient :

- des bouteilles plastiques ;
- des briques en carton ;
- des épluchures, morceaux de pain et tout autre aliment pouvant aller dans un bac à compost, enfermés dans un sac plastique transparent ;
- des déchets alimentaires (restes de poulet...), ne pouvant aller dans un bac à compost, dans un sac plastique transparent ;
- des plastiques non recyclables (films, emballages, pots de yaourt...) ;

– des déchets non recyclables enfermés dans un sac plastique transparent (papiers gras, mouchoirs...) ;
– des canettes en aluminium ;
– des boîtes de conserve nettoyées ;
– des bouteilles en verre ;
– des piles ;
– des journaux, des revues, des prospectus publicitaires... ;
– du carton...

L'ensemble de la poubelle est pesée au départ. Cette mesure permettra aux enfants de mieux visualiser la quantité de déchets qui peut être triée puis recyclée.

Faire trier cette poubelle en deux parties :
– les déchets qui, selon les élèves, doivent être triés et qui pourront être déposés dans des bacs ou poubelles spécifiques ;
– ceux qui ne peuvent pas l'être et qui seront déposés dans une poubelle normale.

Étape 2

Présenter ensuite l'affiche et/ou les documents qui montrent comment trier les déchets.

Le plus souvent, les enfants découvrent que de nombreux déchets qu'ils auraient mis directement à la poubelle peuvent être triés.

Suite à un échange collectif, ils retirent de la poubelle normale les déchets qui en fin de compte peuvent être triés.

Les déchets de la poubelle normale sont alors pesés et comparés au poids de la poubelle au départ, si aucun tri n'avait été effectué.

Il est important de souligner cette différence qui justifie ainsi l'utilité du tri dans la préservation de notre environnement : ce qui est trié peut être en partie recyclé et réutilisé.

Donner éventuellement quelques exemples de produits recyclés : le vieux papier permet d'obtenir du carton d'emballage ou du papier journal ; les bouteilles en plastique servent à fabriquer des tuyaux, des fibres synthétiques et même des bancs publics !

Étape 3

Expliquer alors aux enfants que le tri doit être sélectif et que l'on ne jette pas tout ce qui peut être trié dans la même poubelle de tri :

- De nombreux emballages ménagers doivent être jetés dans la même poubelle qui est le plus souvent (mais cela dépend des communes) de couleur jaune : les bouteilles en plastique (comprenant les petites bouteilles de boisson lactée comme les yaourts à boire, les flacons de produits ménagers et de toilette comme les shampooings, avec les bouchons), les briques en carton, le papier, le carton, les boîtes de conserve, les canettes et les barquettes en aluminium avec leur couvercle en métal (peu importe si l'emballage est encore un peu imprégné de sauce tomate ou de yaourt à boire ; inutile de le laver, il suffit simplement de bien le vider).
- Les bouteilles en verre doivent être déposées soit dans une poubelle spécifique, soit dans des bacs spéciaux implantés dans la commune.
- Les matières organiques recyclables, lorsque cela est possible, sont à mettre dans un bac à compost.
- Les piles sont à déposer dans des bacs spéciaux que l'on peut trouver dans de nombreux lieux publics.

Rappeler que tout ce qui est non recyclable va dans la poubelle normale.

Suite à cette explication, disposer dans la classe des bacs correspondant au tri sélectif.

Une étiquette est collée sur chaque bac, si possible de couleur pour faciliter le repérage (adapter la couleur aux poubelles de sa commune). Par exemple :

- vert : bouteilles en verre ;
- jaune : bouteilles en plastique, briques, papier, carton, boîtes de conserve, canettes ;
- noir : déchets organiques ;
- petit bac : piles.

Les enfants sont invités à déposer chaque déchet observé dans l'étape 1 dans la bonne poubelle de tri. Ce nouveau tri s'effectue collectivement, au besoin avec l'aide de l'enseignant.
Proposer aux enfants de faire attention au tri dans la cour de l'école, dans la rue ou à la maison, afin de s'entraîner à adopter un comportement responsable.

• Prolongement

Utiliser certaines de ces poubelles tout au long de l'année pour trier les déchets de l'école (voir l'expérience suivante : « Le recyclage à l'école »).

Le recyclage à l'école

GS-CP-CE1

Programme : Apprendre à respecter l'environnement.

Objectif : Mettre en place des dispositifs de recyclage des déchets au sein de l'école.

Matériel :
- Des cartons.
- Un bac pour recycler les piles (il est possible de s'en procurer gratuitement à la mairie de sa commune).

Compétence transversale à évaluer : Compétence 6 « Les compétences sociales et civiques – Avoir un comportement responsable » : « Respecter les autres et les règles de la vie collective ».

Déroulement

Si l'activité précédente « Le tri des déchets » n'a pas été réalisée en classe, rappeler rapidement que de nombreux déchets peuvent être triés afin d'être recyclés. En présenter la liste (voir p. 93-94).

Demander aux enfants :
- quels sont, parmi ces déchets, ceux que l'on produit en abondance à l'école, ceux que l'on produit à la maison mais qui pourraient être collectés à l'école ;
- quelles actions pourraient être envisagées dans l'école afin de réaliser des collectes de déchets.

Les enfants proposent de ne plus jeter leurs papiers (brouillons, découpages...) dans la poubelle classique, mais dans un carton qui sera placé à côté et dont le contenu sera placé régulièrement dans la poubelle de tri de l'école.

Il peut être décidé de placer ce type de carton un peu partout dans l'école afin que « plus aucun papier n'échappe au recyclage ». Pour qu'ils soient reconnaissables par tous, on peut envisager de les décorer tous de la même façon.

Un bac de collecte de piles peut aussi être installé dans l'école.

Préciser que cette démarche civique permet donc de faire des économies, mais aussi de moins polluer notre planète. En effet, le fait de trier les papiers et les cartons permet d'éviter l'abattage de nombreux arbres ; quant aux piles, cela aide à limiter la pollution, car les produits qu'elles contiennent sont toxiques.

Ajouter que ces nouvelles règles de tri à l'école doivent être respectées par tous (évaluation de la compétence sociale et civique présentée ci-dessus).

En pesant la quantité de papier récupérée, par exemple sur une semaine, ce qui sera plus concret pour les enfants, on peut calculer le nombre d'arbres sauvés sur une année. Préciser que le recyclage de 60 kg de papier permet en moyenne de sauver un arbre.

• Variante

On peut aussi envisager de faire un tri à la cantine, mais la gestion de ce type d'action est plus lourde. On peut toutefois envisager de le faire sur une journée, pour que les enfants réalisent l'importance d'essayer de faire ce tri à la maison.

L'hygiène à l'école

GS-CP-CE1

Programme : Règles d'hygiène et de sécurité (personnelles et des autres).

Objectif : Découvrir les règles d'hygiène simples à respecter en collectivité.

Matériel :
- Une brosse à dents par élève.
- Du dentifrice.
- Tableaux des règles de vie à compléter (annexes 17 et 18, p. 153-154).

Compétences transversales à évaluer :
- Compétence 3 « Les principaux éléments de mathématiques » – Partie organisation et gestion de données : « Utiliser un tableau, un graphique » (CP-CE1).
- Compétence 6 « Les compétences sociales et civiques » – « Avoir un comportement responsable » : « Respecter les autres et les règles de la vie collective ».

Déroulement

La journée à l'école est rythmée par des règles simples d'hygiène du corps, mais aussi des locaux. L'activité consiste à observer et réaliser tous ces gestes simples d'hygiène durant une journée de classe.

Étape 1

En début de matinée, une discussion permet de revivre une journée normale d'école et toutes les règles d'hygiène sont listées tout au long de ce dialogue.

- **Règles d'hygiène du corps :** se laver les mains avant de manger et suite à toute activité salissante, se brosser les dents après chaque repas, utiliser un mouchoir jetable pour éternuer et tousser (ou mettre son nez dans son coude, si on n'a pas de mouchoir, plus hygiénique que la main), jeter immédiatement ce mouchoir à la poubelle.
- **Règles d'hygiène des locaux :** jeter ses papiers et autres détritus à la poubelle, ne pas écrire sur les tables, jeter son chewing-gum dans une poubelle avant

d'entrer dans l'école ou dans la classe (et surtout ne pas le coller sous la table), ne pas cracher, essuyer la table à la cantine, ne pas faire tomber à terre la nourriture, bien tirer la chasse d'eau aux toilettes, ne pas faire pipi à côté...

Étape 2

Un tableau visualisant ces différentes règles de vie est distribué à chaque élève (annexe 17 pour les GS et certains CP, avec dessins, annexe 18 pour les CP-CE1, avec mots écrits ; mais il est possible de créer son propre tableau avec des données différentes).

Il est complété tout au long de la journée.

La journée est découpée temporellement de la façon suivante :

- arrivée à l'école ;
- activité en classe ;
- récréation du matin ;
- activité en classe ;
- repas pour ceux qui mangent à la cantine ;
- activité en classe ;
- récréation de l'après-midi ;
- activité en classe.

Ce découpage permet de faire prendre conscience aux enfants de leur comportement à certains moments de la journée. Il permet aussi de les aider à se repérer dans le temps.

Lorsque l'action est positive pour l'hygiène (lavage des mains, tirer la chasse d'eau...) un *plus* est porté dans le tableau ; lorsqu'elle est négative (cracher par terre, jeter un papier par terre...), un *moins* y est inscrit.

L'action doit être personnelle et se référer correctement au moment de la journée. Ainsi, si la table a été essuyée par l'élève après l'activité du matin, un *plus* est inscrit dans la deuxième colonne ; sinon, la case reste vide. De même, expliquer que le remplissage du tableau est fondé sur l'honnêteté de chacun. L'enfant ne doit donc pas hésiter à dire s'il a fait pipi à côté (à la récréation, par exemple) : ce n'est pas une bêtise ; le fait de le signaler permet surtout de faire attention la prochaine fois.

Nous proposons un exemple de tableau complété ci-contre.

Étape 3

En fin de journée, une addition des *plus* et des *moins* permet de faire un bilan. Suite à cette mise en commun, les enfants prennent conscience de la nécessité d'avoir :

– une bonne hygiène du corps pour leur santé ;

– un respect de l'hygiène des locaux pour garantir une qualité de vie à l'école.

Cette expérience permet par ailleurs d'évaluer les compétences transversales présentées ci-dessus.

Exemple de tableau complété en GS :

Le corps			+		+	+		+
					+			
Les locaux							+	+
			–	–				
			–			–		–
				–				
								+
				–				
				+			+	
		+	+					

La sécurité routière

GS-CP-CE1

Programme : Règles d'hygiène et de sécurité (personnelles et des autres).

Objectifs :
- Initier les enfants aux règles simples de sécurité à respecter sur le chemin de l'école.
- Identifier les lieux présentant un danger.

Matériel : Panneaux imprimés en format A4 représentant les différentes signalisations à connaître pour l'obtention de l'attestation de première éducation à la sécurité cycle 2.

Compétences transversales à évaluer : Compétence 6 « Les compétences sociales et civiques » – « Avoir un comportement responsable » : « Respecter les autres et les règles de la vie collective » ; « Pratiquer un jeu ou un sport collectif en respectant les règles ».

Remarque préalable

Cette expérience peut être une préparation en vue de l'obtention de l'attestation de première éducation à la sécurité (cycle 2).

• Déroulement

Étape 1

Organiser une sortie de la classe en dehors de l'école, encadrée par l'enseignant et des parents (un parent pour quatre ou cinq enfants).

Lors de cette sortie, les enfants vont devoir apprendre à marcher en groupes et les adultes vont expliquer au fur et à mesure de la progression les règles du code de la route à respecter.

Pour cela, préparer un circuit permettant de rencontrer le plus de situations possibles et mettant en évidence les règles à respecter pour le piéton, mais aussi pour le conducteur (certains enfants sont ou seront amenés à venir à l'école en vélo). Par exemple : traversées de passages pour piétons avec et sans feu tricolore, découverte du « stop » et du « cédez le passage », observation de lignes continues et discontinues, de panneaux d'interdiction...

Étape 2

Au retour de cette sortie, un bilan est réalisé.

Présenter à la classe une série de panneaux imprimés au format A4 (on les trouve facilement sur Internet). Les enfants les décrivent puis essayent de se souvenir de leur fonction. Ils peuvent être ensuite affichés temporairement dans la classe afin de pouvoir régulièrement les étudier et ainsi mieux les mémoriser.

Voici la liste des panneaux et des signalisations routières que les enfants doivent connaître en fin de cycle 2 :

Danger	Intersection et priorité	Interdiction	Obligation	Signalisation lumineuse	Marques sur la chaussée
				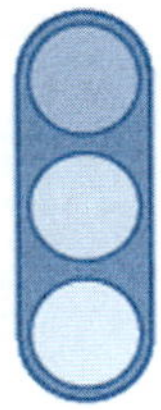	
– passage pour piéton – endroit fréquenté par des enfants – feu tricolore – débouché de cycliste	– cédez le passage – cédez le passage à l'intersection – marquer l'arrêt à l'intersection	– accès interdit aux piétons – interdiction de tourner à gauche – interdiction de tourner à droite – interdiction de faire demi-tour – sens interdit	direction obligatoire	– feu tricolore (le sens de chaque couleur) – feu bicolore piéton – feu d'arrêt (au passage à niveau, par exemple)	– passage pour piéton – lignes longitudinales continues et discontinues – lignes transversales signalant un *stop*, un *cédez le passage* ou un feu tricolore

Étape 3

À partir de ces connaissances, des jeux peuvent être organisés à l'école. Nous en proposons quelques exemples.

- Réaliser un Memory à partir des panneaux et signalisations.
- Créer à la craie un microcircuit routier dans la cour de l'école.
- Organiser un concours de vitesse de reconnaissance des signalisations dans la cour. Pour cela, préparer huit séries identiques de quatre panneaux routiers (ou plus, suivant le nombre d'équipes) sur des feuilles A4, collées sur des cartons. L'ensemble des panneaux (quatre de chaque sur une même ligne) est aligné

au sol. Les enfants sont répartis par équipes de trois et sont en file indienne à une vingtaine de mètres des panneaux.

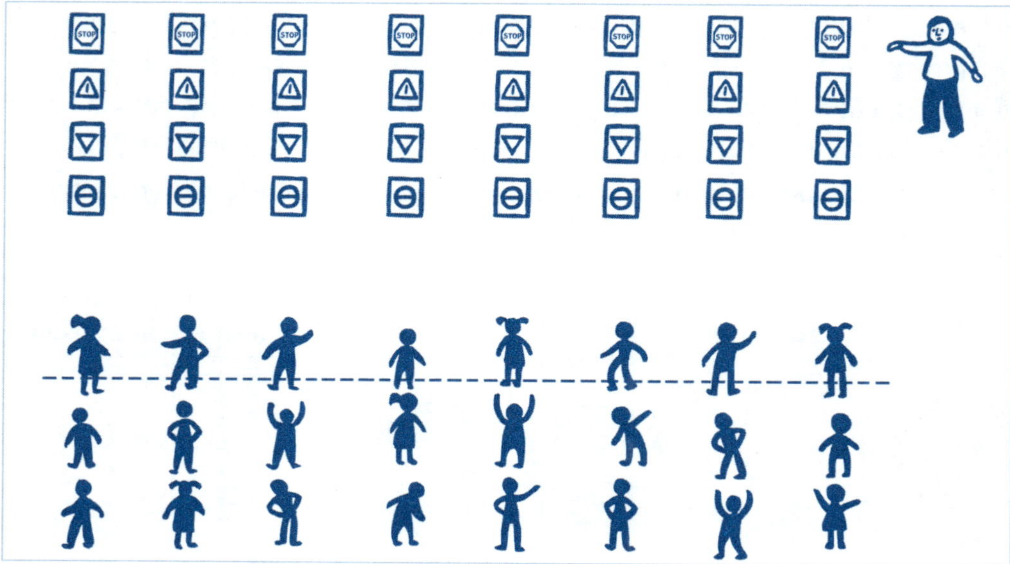

Décrire un panneau ou une signalisation aux élèves. À la fin de la description, un « top départ » est donné. Pour chaque groupe, le premier enfant de la file court vers le panneau qu'il reconnaît dans la description. Il n'a le droit de prendre qu'un seul panneau. Les quatre premiers enfants qui ont pris le bon panneau permettent à leur équipe de marquer un point. À partir du cinquième, l'équipe ne remporte pas de point.

Les enfants de chaque groupe participent les uns après les autres.

Après trois rotations de l'ensemble des équipiers, le décompte des points est réalisé.

III. Découvrir le monde de la matière

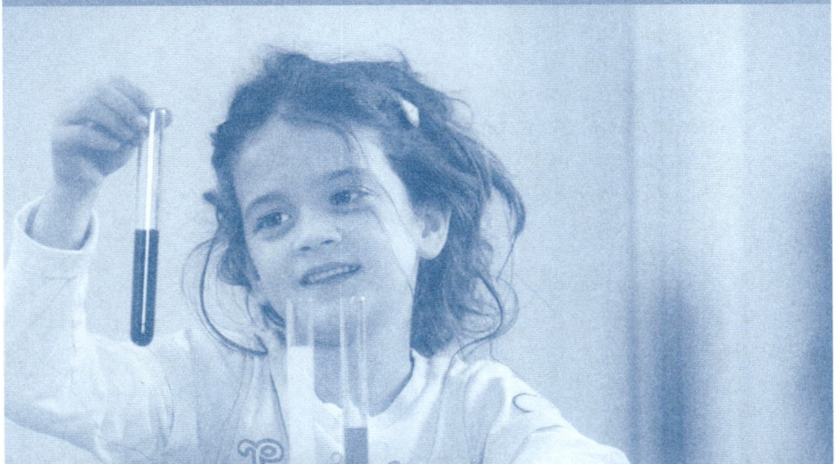

Que sont les solides et les liquides ?

GS-CP-CE1

Programme : Distinguer les solides et les liquides.

Objectifs :
- Aborder l'état solide et l'état liquide à partir d'observations de différents produits.
- Comprendre ce qui les caractérise.

Matériel :
- De l'eau liquide et en glaçons.
- De l'huile liquide et en glaçons.
- Des tubes transparents.
- Des petites boîtes transparentes.
- Des morceaux de lave (basalte) ou, à défaut, des photos. (Pour s'en procurer, voir les adresses utiles p. 158.)
- Des images ou un film montrant une coulée de lave.
- Un verre.
- Des images ou un film montrant un souffleur de verre.

Déroulement

Étape 1

Distribuer, par groupes de deux ou trois élèves, deux tubes, deux boîtes transparentes et deux récipients contenant un peu d'eau et d'huile liquides.

Les enfants versent de l'eau dans chacun des récipients et ils les penchent.

Ils font la même expérience avec l'huile. Ils réalisent le dessin de leur expérience.

Ils constatent que chacun des liquides, eau et huile, prend la forme du récipient où il est introduit. De plus, lorsque l'on penche les récipients, les liquides « ne penchent pas », ils restent horizontaux.

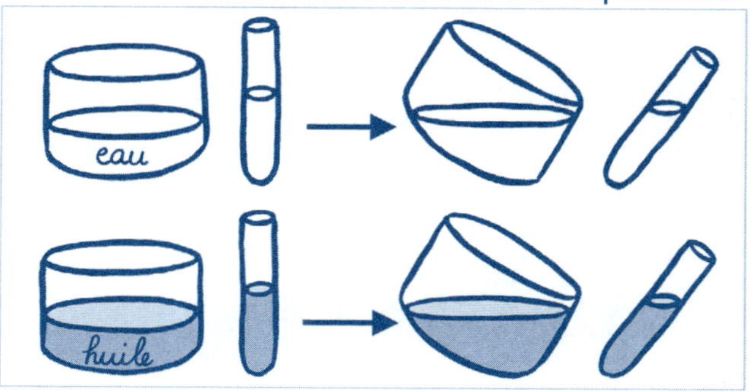

Étape 2

Sont ensuite distribués un glaçon d'eau et un glaçon d'huile à chaque groupe. Les enfants doivent réaliser la même série d'expériences, (avec les tubes puis avec les boîtes) ; ensuite, ils doivent les illustrer.

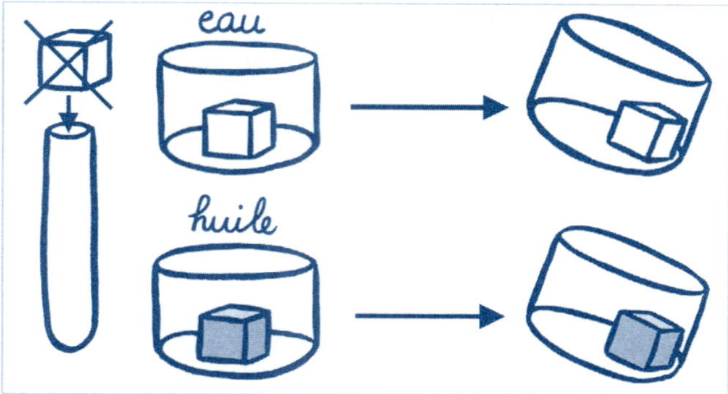

Ils constatent que les solides ne peuvent pas changer de forme. Ils ne rentrent pas dans le tube s'ils sont trop gros. De même, lorsqu'on les incline dans la boîte, ils s'inclinent également et ne restent pas horizontaux comme les liquides.

Enfin, faire constater aux enfants qu'il est facile d'attraper les solides alors que le liquide « passe entre les doigts ».

Étape 3

Distribuer un échantillon de roche volcanique en précisant qu'il a été trouvé au pied d'un volcan en activité.

Faire constater que la roche est solide.

Demander si elle peut exister à l'état liquide. Le plus souvent, cette idée apparaît comme farfelue aux enfants.

Montrer alors le film ou les photographies d'éruption volcanique. Les enfants font alors le rapprochement entre la lave liquide et la roche solide.

Étape 4

Présenter un verre et les images ou le film montrant un souffleur de verre.

Demander ensuite aux enfants comment sont fabriqués les verres dans lesquels on boit. Là encore, ils font le lien entre la matière à l'état liquide et le verre (solide).

Ajouter cependant qu'aujourd'hui, les verres sont fabriqués par des machines et non des souffleurs.

Conclusions

Les liquides sont donc capables de se déformer et de prendre la forme du récipient qui les contient ou la forme que l'on désire leur donner (exemples : glaçon en cube, forme du verre donnée par le souffleur). Ils restent toujours horizontaux par rapport au sol.

Les solides, eux, gardent leur forme propre quelle que soit leur position dans l'espace. Ils ne se déforment pas comme les liquides.

Élaborer une affiche collective ou une trace écrite individuelle avec ces conclusions (sous les dessins s'ils ont été réalisés dans leur carnet d'expériences).

Comparer différents liquides

GS-CP-CE1

Programme : Distinguer les solides et les liquides.

Objectifs :
- Comprendre que tout liquide n'est pas de l'eau.
- Différencier les liquides en étudiant certaines de leurs propriétés : vitesse d'évaporation, viscosité, solubilité.

Matériel :
- Différents liquides : de l'eau, de l'huile, de l'alcool, du savon liquide.
- Du papier bristol et du papier absorbant.
- Des verres en plastique transparents.
- Des compte-gouttes (type pipette pour médicaments).
- Des morceaux de bois de 2 à 3 cm de haut et au minimum de 10 cm de long.

Déroulement

Les expériences sont réalisées par groupes de trois. Elles vont permettre de tester trois propriétés : l'évaporation, la solubilité, la viscosité.

Les premières observations sont mises en commun après chaque expérience. Éventuellement, elles sont illustrées au fur et à mesure.

Expérience d'évaporation

Déposer **une seule** goutte d'eau, d'huile et d'alcool, à l'aide d'un compte-gouttes, sur une feuille de papier absorbant.

Puis observer la vitesse à laquelle chacune des gouttes disparaît.

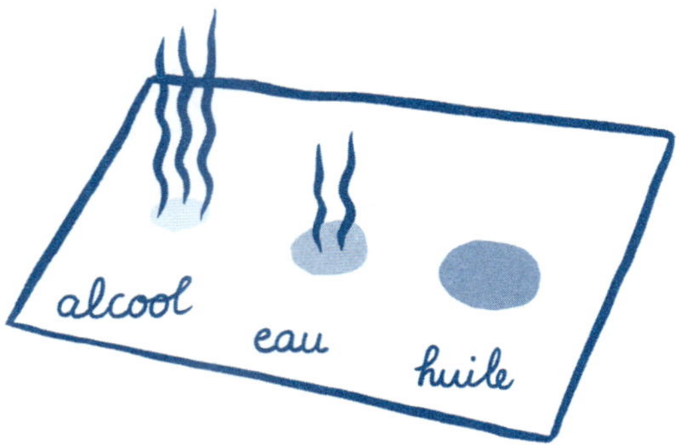

Les enfants constatent que l'alcool disparaît en premier, c'est le plus volatil ; puis vient le tour de l'eau ; la goutte d'huile, elle, reste toujours présente, elle ne s'évapore pas entièrement.

Expérience de solubilité

• Les enfants vont mélanger deux à deux les différents produits.

Déposer de l'huile au fond du verre transparent. Y ajouter délicatement de l'eau. On constate que l'huile remonte au-dessus de l'eau et que les deux produits ne se mélangent pas. L'huile n'est pas soluble dans l'eau.

• Réaliser la même expérience avec l'huile et l'alcool. Les deux ne se mélangent pas et l'alcool reste au-dessus de l'huile. L'huile n'est pas soluble dans l'alcool.

Pour les CE1, il est possible d'expliquer que l'alcool est plus « léger » (moins dense) que l'huile, et que c'est pour cela qu'il reste au-dessus. Au contraire, l'eau est plus « lourde » (plus dense) que l'huile, ce qui explique que cette dernière flotte sur l'eau (tout comme le pétrole lors des marées noires).

• Enfin, mélanger l'eau et l'alcool. Les groupes observent que l'alcool « disparaît » dans l'eau. L'alcool peut donc se mélanger à l'eau.

Expérience de viscosité

La viscosité d'un liquide correspond à sa capacité de s'écouler plus ou moins vite. Plus un liquide est visqueux, moins son écoulement est rapide.

Les élèves vont réaliser, sur un plan incliné, une « course de gouttes de liquide » afin de classer les trois liquides que sont l'eau, l'huile et le savon liquide, du moins visqueux au plus visqueux.

Le plan incliné est représenté par une feuille de bristol A5 (il a l'avantage de ne pas trop absorber les liquides ; il est aussi possible d'utiliser des supports plastifiés) ; cette feuille est posée sur un support (un morceau de bois). Une ligne est tracée à deux centimètres du sommet de la pente, pour visualiser la ligne de départ de la « course de gouttes ».

Un enfant de chaque groupe prélève, à l'aide d'une pipette, une goutte d'eau, une goutte d'huile ou une goutte de savon liquide.

Au top donné par un des élèves, la goutte est déposée sur la ligne de départ. Ils observent la vitesse à laquelle les gouttes descendent la pente.

La goutte d'eau est la plus rapide car elle est peu visqueuse et s'écoule donc facilement. Viennent ensuite l'huile puis le savon liquide.

Remarque

Ce type de course peut être réalisé avec d'autres liquides proposés par les enfants.

Conclusions

Tous les liquides n'ont donc pas les mêmes propriétés. Leur vitesse d'évaporation, leur solubilité et leur viscosité sont des critères qui permettent de les différencier. D'autres critères peuvent aussi être trouvés ou précisés aux enfants : couleur, odeur des liquides...

Élaborer une affiche collective ou une trace écrite individuelle (dans le carnet d'expériences) avec ces conclusions.

Le passage de l'état solide à l'état liquide

GS-CP-CE1

Programme : Percevoir les changements d'état de la matière.

Objectifs :
- Montrer que le passage de l'état solide à l'état liquide est fonction de l'élément étudié.
- En déduire que tous les liquides ne sont pas les mêmes.

Matériel :
- Une douzaine de bacs à glaçons.
- Les éléments étudiés (à mettre au congélateur, dans les bacs à glaçons) : de l'eau, du beurre, de l'huile, de l'alcool (à se procurer en supermarché sous forme de bouteille plastique au rayon bricolage).
- Des assiettes en plastique.

● Déroulement

Étape 1

Déposer sur trois tables dispersées dans la salle un bac de chaque élément étudié (eau, beurre, huile et alcool).

Cette observation doit être rapide afin que les glaçons ne commencent pas trop à fondre. Les enfants constatent que trois des produits sont solides alors que l'alcool est resté liquide.

Les enfants doivent trouver une explication au fait que l'alcool reste liquide. Par exemple : « Il ne faisait pas assez froid dans le congélateur pour que l'alcool devienne dur. » En CE1, il est possible de préciser un ordre de grandeur. La température d'un congélateur est d'environ –16 °C alors que l'alcool pur gèle à –114 °C.

Étape 2

Les enfants, par groupes de deux ou trois, viennent ensuite avec leur assiette et prennent un glaçon d'eau, d'huile et de beurre. Ils retournent à leur place et observent l'évolution de chacun des glaçons.

Le premier à fondre est le glaçon d'eau. Le deuxième est le glaçon d'huile et le dernier est celui de beurre : il devient mou, mais ne fond pas réellement. Les enfants trouvent facilement qu'il faut le chauffer plus, car « il fond quand il est dans la poêle ».

Au besoin, pour faciliter l'observation, disposer l'assiette près d'un radiateur ou une autre source de chaleur. En moyenne, le beurre fond aux environs de 30 °C, mais cela peut varier en fonction des diverses sortes de beurre.

Remarque

Attention ! en fonction du type d'huile utilisé, le résultat peut différer. Généralement, l'huile d'arachide se solidifie à 3 °C. Pour les autres huiles, la température de solidification est plus faible : l'huile d'olive à partir de –6 °C (mais pour certaines huiles elle peut commencer à se solidifier dès 10 °C...), celle de soja à –16 °C et celle de tournesol à –17 °C (ces données sont approximatives, car elles dépendent de la pureté des huiles).

Il est donc préférable de faire un test avant de proposer cette expérience aux élèves, à moins de le découvrir avec eux...

Trace écrite

En synthèse, on peut visualiser ces passages de l'état solide à l'état liquide, générés par différentes températures, en complétant un schéma du même type que ci-dessous, un thermomètre servant d'échelle. La flèche indique pour chaque produit le passage de l'état solide à liquide.

Au CP et CE1, les températures de passage de l'état solide à liquide peuvent être indiquées.

Exemple :

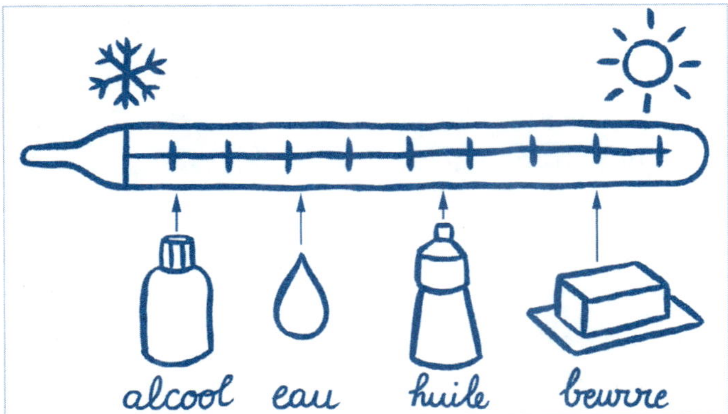

Les trois états de l'eau : solide, liquide et gazeux

GS-CP-CE1

Programme : Percevoir les changements d'état de la matière.

Objectif : Découvrir les trois états de l'eau et les modalités de passage d'un état à l'autre.

Matériel :
- Une Cocotte-minute ou une vidéo de Cocotte-minute d'où s'échappe de la vapeur d'eau.
- De la glace pilée obtenue avec des glaçons.
- De l'eau liquide.
- Des verres en plastique.
- Des thermomètres.
- Des petites cuillères.

Compétences transversales à évaluer (CP-CE1) :
Compétence 3 « Les principaux éléments de mathématiques » :
- Partie grandeurs et mesures – « Utiliser les unités usuelles de mesure ; estimer une mesure » ; « Être précis et soigneux dans les mesures et calculs ».
- Partie organisation et gestion des données – « Utiliser un tableau, un graphique ».

• Déroulement

Rappel des trois états de l'eau

Initier un échange collectif sur ce qu'est l'eau et le vocabulaire qui lui est associé : glace, buée, neige, pluie, rivière, lac, glaçon, vapeur, nuage...

Les enfants doivent essayer de classer logiquement ces différents mots en différents groupes. Les notions de liquide et de solide sont plus aisées à découvrir. Pour le gaz, ils auront probablement besoin d'aide.

Leur montrer ensuite des glaçons, un verre d'eau et l'image de la Cocotte-minute.

Leur faire décrire l'état de l'eau dans ces trois exemples et faire ressortir la notion d'eau **solide, liquide** et **gazeuse**.

Demander aux élèves de classer à nouveau le vocabulaire dans l'une de ces trois catégories.

Attention ! le gaz à la sortie du bouchon de la Cocotte-minute n'est pas visible. Il est situé juste à la sortie de la valve. La vapeur blanche qui apparaît ensuite est déjà de l'eau liquide sous forme de microgouttelettes. Les nuages ne sont donc pas constitués de vapeur d'eau (cette dernière étant invisible), mais de microgouttelettes d'eau.

Expérience : passage de l'état solide à liquide

Il est possible de montrer dans quelles conditions l'eau passe d'un état à l'autre. Le plus simple et le moins dangereux à réaliser est le passage de l'eau solide à l'eau liquide.

Il faut utiliser de la glace pilée afin de pouvoir y plonger le thermomètre. La fabriquer en mettant des glaçons dans un torchon et en les frappant sur une table.

Réaliser ensuite immédiatement l'expérience.

Remplir aux trois quarts le verre transparent de glace pilée, puis introduire l'extrémité du thermomètre au milieu de la glace. Les élèves vont observer l'évolution de l'aspect de la glace en fonction de la température, jusqu'à ce que toute la glace soit fondue.

Lors de l'expérience, il est important d'agiter régulièrement afin de maintenir une température homogène.

Remarque

En GS, la lecture de la température sur le thermomètre est délicate. On peut se contenter de placer des repères sur celui-ci ; en réalisant deux ou trois fois la même expérience, les élèves vont constater que le changement d'état se fait à peu près toujours au même niveau. Préciser alors que la température est de 0 °C. Au CP et CE1, la totalité de l'expérience est réalisable.

Observations et conclusions

Les élèves notent les résultats dans un tableau, au fur et à mesure de l'expérience (voir l'exemple ci-après).

Ils observent que le changement d'état se déroule aux environs de 0 °C ; tant qu'il reste un peu de glace, la température reste stabilisée autour de 0 °C. Ensuite, la température du liquide augmente.

Exemple de tableau :

Temps (min)	0	2	4	6	8	10	12	14	25	30
Température (°C)	–12	–5	–3	0	0,5	1	1	0,5	10	20
Résultat observé	glace	glace	glace + eau		glace + eau	glace + eau	glace + eau	glace + eau	eau	eau

IV. Découvrir le monde des objets

Construire un nichoir pour les mésanges

GS-CP-CE1

Programme : Réaliser des maquettes élémentaires.

Objectifs :
- Suivre une notice de montage.
- Tracer des formes géométriques en respectant les cotes proposées.
- Réaliser un objet technologique simple.

Matériel :
- Des planches de récupération de 1,5 cm d'épaisseur (le bois ne doit pas être poncé afin que les mésanges puissent s'y accrocher).
- Le patron des différentes parties du nichoir (à télécharger sur le site : www.editions-retz.com, dans l'onglet « Téléchargement »).
- Des clous de 2 à 3 cm de long (la longueur des clous utilisés sera fonction de l'épaisseur des planches).
- Une charnière et des petites vis permettant de la fixer.
- Des marteaux.
- Des tournevis correspondant aux vis utilisées pour la charnière.
- Une perceuse.
- Des mèches à bois de 28 et 32 mm.
- Une scie sauteuse.

Compétence transversale à évaluer (CP-CE1) : Compétence 3 « Les principaux éléments de mathématiques » – Partie grandeurs et mesures : « Utiliser les unités usuelles de mesure ; estimer une mesure » ; « Être précis et soigneux dans les mesures et calculs ».

Déroulement

Remarque

Pour des raisons de sécurité évidente, les phases d'utilisation de la scie et de la perceuse seront réalisées soit par l'enseignant en l'absence des élèves, soit par des parents d'élèves volontaires qui réaliseront les travaux chez eux.

Étape 1 : le tracé des différentes parties du nichoir

Pour les GS : un patron des différentes parties du nichoir est distribué aux enfants (voir le matériel ci-dessus). Ces derniers le découpent et reportent les formes sur les planches au crayon à papier (ils posent le patron sur la planche et en dessinent le contour).

Pour les CP-CE1 : en fonction du niveau de la classe, soit le patron est distribué, soit seules les cotes sont données, soit les cotes sont données pour certaines pièces mais pour d'autres le patron est distribué, afin de gagner du temps.

Les pièces à tracer sont les suivantes :

– Un carré de 14 cm de côté pour le fond du nichoir.

– Un carré de 15,5 cm de côté pour le toit.

– Un rectangle de 17 cm de large et 22 cm de haut pour la façade, sur laquelle est tracé un cercle, centré (correspondant à l'entrée du nichoir), à 2 cm du haut de la façade. Son diamètre est de 28 mm pour un nichoir destiné aux mésanges bleues, de 32 mm pour les mésanges charbonnières.

– Un rectangle de 17 cm de large et 26 cm de haut pour l'arrière.

– Deux quadrilatères de 14 cm de large et 22 cm de haut pour un côté, 26 cm pour l'autre côté.

Étape 2 : le découpage des différentes parties du nichoir

Les pièces sont ensuite découpées soit par l'enseignant, soit par des parents volontaires à l'aide d'une scie sauteuse.

Le trou d'entrée est réalisé à l'aide de la perceuse sur la façade. Il est possible de réaliser les deux types de nichoirs (mésange charbonnière et bleue) en variant le diamètre de ce trou (voir ci-dessus).

Percer le plancher de quatre petits trous afin d'évacuer l'eau en cas de forte pluie. Ils serviront aussi d'aération l'été.

Étape 3 : l'assemblage des pièces du nichoir

Pour les GS et CP : lorsque cela est possible, les enfants apportent les pièces découpées à la maison et réalisent le montage du nichoir avec leurs parents. Dans le cas contraire, il est réalisé par l'enseignant.

Au CE1, en fonction de la classe, le montage peut être réalisé en classe.

Les différentes étapes de réalisation sont présentées ci-après.

• Clouer les deux quadrilatères correspondant au côté sur le fond du nichoir (deux clous par côté).

• Clouer la façade sur la partie la moins haute des côtés du nichoir (trois clous par côté).

• Clouer l'arrière sur la partie la plus haute (quatre clous par côté).

• Fixer le toit en disposant la charnière à l'arrière et en le faisant dépasser vers l'avant. Elle permettra d'ouvrir le nichoir pour le nettoyer. Attention : ne jamais ouvrir un nichoir durant la période de reproduction !

Étape 4 : finalisation

• Il est préférable de ne pas peindre le nichoir afin qu'il reste neutre pour les oiseaux. Pour prolonger sa durée de vie, il est possible de le traiter à l'huile de lin.

• Le nichoir devra être orienté sud/sud-est pour être protégé de la pluie. Mais le plus important est de ne pas le disposer face aux vents dominants. De plus, il faut le mettre assez haut pour le protéger des chats (deux mètres minimum).

Réaliser une maquette de la classe

GS-CP-CE1

Programme : Réaliser des maquettes élémentaires.

Objectifs :
- Se repérer dans l'espace de la classe.
- Réaliser une maquette.
- Apprendre à connaître rapidement ses camarades.

Matériel :
- Des petites boîtes d'allumettes (autant que de tables dans la classe, multiplié par 6).
- 6 grosses boîtes d'allumettes.
- 6 morceaux de carton de la taille approximative d'une feuille A3.
- Des feuilles de bristol blanches.
- Le patron de la porte et du tableau (à télécharger sur le site : www.editions-retz.com, dans l'onglet « Téléchargement »).
- De la pâte à modeler.
- Des ciseaux, des crayons à papier, des gommes.

Compétence transversale à évaluer (CP-CE1) : Compétence 3 « Les principaux éléments de mathématiques » – Partie géométrie : « Situer un objet par rapport à soi ou un autre objet, donner sa position et décrire son déplacement ».

Déroulement

Étape 1

Expliquer aux enfants ce qu'est une maquette (réalisation d'un espace et/ou d'un objet en taille réduite).

Demander quels sont les principaux points de repères de la classe : le tableau, le bureau de l'enseignant, les tables des élèves, la porte de la classe et d'autres points plus spécifiques en fonction du niveau : le coin jeu, le coin bibliothèque…

Ces différents éléments devront être visibles sur la maquette. Une discussion est alors engagée avec les enfants sur les modalités de sa réalisation.

Étape 2

Présenter le matériel mis à disposition :

– Le carton qui va servir de support : il représente le sol de la classe.

– La grosse boîte d'allumettes : elle constitue le bureau de l'enseignant.

– Les petites boîtes d'allumettes : elles figurent les tables des élèves.

– Les feuilles de bristol : elles permettent de représenter la porte de la classe et le tableau.

– La pâte à modeler : elle sert à représenter certains objets de la classe et les élèves de chaque groupe qui ainsi vont se localiser dans la classe.

Répartir la classe par groupes de quatre ou cinq. Distribuer à chacun le matériel. Chaque groupe réalise la porte et le tableau à partir du patron proposé (voir le matériel ci-dessus), en utilisant les feuilles de bristol. Bien plier en opposé la base de chaque élément afin qu'ils soient stables sur la maquette. Si nécessaire, montrer comment faire.

le tableau

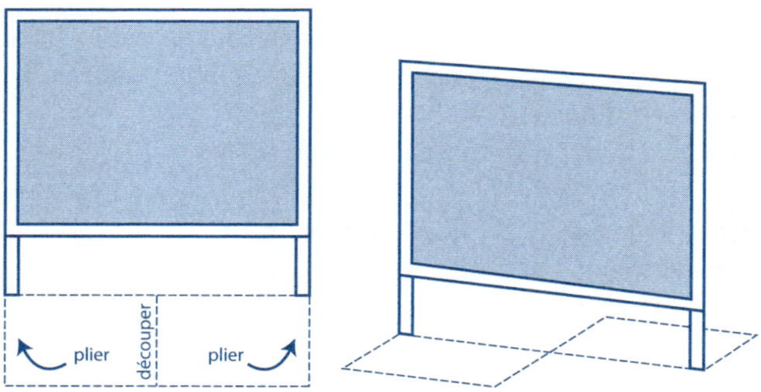

la porte

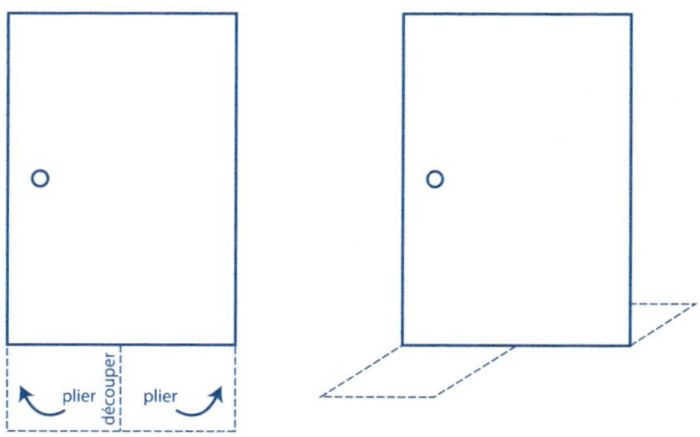

Les enfants disposent maintenant de tous les éléments nécessaires à la réalisation de la maquette.

Étape 3

Après observation de l'espace de la classe puis discussion au sein du groupe, les enfants disposent les différents éléments sur le carton.

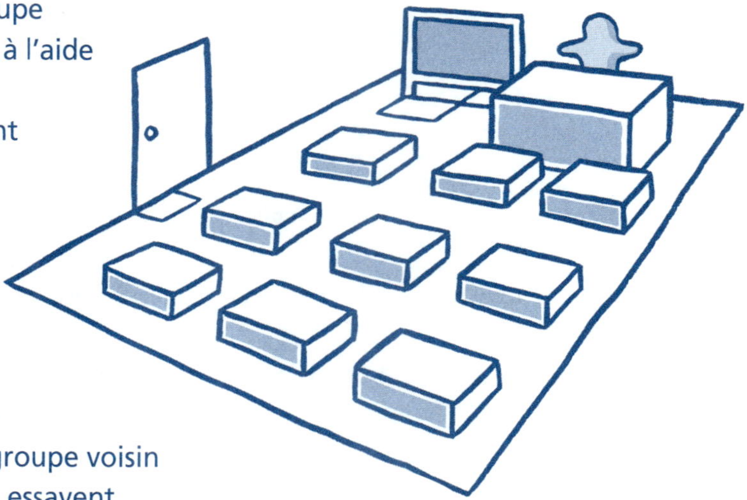

Chaque élève du groupe se représente ensuite à l'aide de la pâte à modeler et localise précisément sa place habituelle dans la classe.
Pour les GS, le maître passe dans les groupes et corrige les erreurs.
Au CP et CE1, chaque groupe présente au groupe voisin son travail. Les élèves essayent de corriger entre eux les erreurs qui ont pu être commises. En cas de désaccord, l'enseignant intervient. Il corrige et explique les mauvaises représentations dans l'espace que certains élèves peuvent avoir.
Après une mise en commun, il est possible de coller sur une ou plusieurs maquettes l'ensemble des éléments correctement disposés.

● Prolongement

Exploiter les maquettes dans le cadre des activités proposées dans la partie « Se repérer dans l'espace et dans le temps », par exemple pour réaliser le plan de la classe (voir les expériences 1 et 2).

Réaliser un circuit simple

GS-CP-CE1

Programme : Réaliser des circuits électriques simples pour comprendre le fonctionnement d'un appareil.

Objectif : Réaliser un circuit électrique simple en observant du matériel électrique et en expérimentant.

Matériel :
- 30 cordons électriques avec pinces crocodiles.
- 15 douilles à vis Ø 10 mm ou douilles métal E10 (moins onéreuses à l'achat).
- 15 ampoules à vis.
- 15 piles plates.

Ce matériel d'électricité est disponible auprès de revendeurs de matériel pédagogique tels que Jeulin ou Pierron (voir les adresses utiles, p. 157).

Déroulement

Étape 1

Distribuer, par groupe de deux enfants, une pile plate et une ampoule.

Demander aux élèves d'essayer, en les manipulant, d'allumer l'ampoule.

Après différents essais, ils découvrent que les contacts entre l'ampoule et la pile doivent être bien précis.

Une des bornes de la pile doit être en contact avec le côté du culot de l'ampoule, tandis que l'autre doit être en contact avec l'extrémité.

Étape 2

Distribuer ensuite deux cordons par groupe. Expliquer aux enfants qu'ils doivent essayer d'allumer à distance l'ampoule à l'aide des deux cordons.

Après différents essais, certains groupes vont réussir à allumer leur lampe, d'autres non.

Bien expliquer aux élèves qui n'y arrivent pas d'utiliser les informations tirées de leur première expérimentation : il doit y avoir un contact avec le côté du culot de l'ampoule et un autre avec le fond.

Trace écrite

Lorsque tout le monde a bien compris les branchements de ce circuit simple, proposer aux enfants de le schématiser en utilisant les dessins ci-dessous (les reproduire au tableau ou les photocopier).

Avec l'aide de l'enseignant ou non, chacun va réaliser et schématiser le circuit électrique comme dans l'exemple suivant :

• Prolongement

Il est important, lorsque cela est possible, de réaliser les deux expériences suivantes dans la continuité de cette activité. Elles permettent en effet de découvrir les bases d'un circuit électrique, puis de les utiliser afin d'effectuer un diagnostic de panne sur un objet technologique.

Comment fonctionne l'interrupteur ?

GS-CP-CE1

Programme : Réaliser des circuits électriques simples pour comprendre le fonctionnement d'un appareil.

Objectif : Découvrir l'interrupteur en émettant une hypothèse sur son principe de fonctionnement.

Matériel :
- 60 cordons électriques avec pinces crocodiles.
- 15 interrupteurs pédagogiques.
- 15 douilles à vis Ø 10 mm ou douilles métal E10 (moins onéreuses à l'achat).
- 15 ampoules à vis.
- 15 piles plates.

Ce matériel d'électricité est disponible auprès de revendeurs de matériel pédagogique tels que Jeulin ou Pierron (voir les adresses utiles, p. 158).

• Déroulement

Distribuer à chaque groupe de deux enfants une pile plate, une ampoule et deux cordons.

Faire réaliser en rappel le circuit électrique simple de l'activité précédente.

Étape 1

Les enfants doivent découvrir quelles peuvent être les différentes causes du non-éclairement de la lampe dans le circuit de certains groupes.

Ils suggèrent le plus souvent que l'un des fils n'est pas ou mal branché. Certains peuvent préciser que l'ampoule est grillée ou que la pile ne fonctionne plus. Dans le cas présent, comme tout marche correctement, suggérer que le non-fonctionnement de certains circuits est dû à un mauvais branchement.

Faire constater que si le circuit est interrompu, la lampe ne peut pas s'allumer.

Aller vers l'interrupteur contrôlant l'éclairement de la salle de classe et le manipuler afin d'éteindre. Faire l'analogie avec le circuit qui ne fonctionne pas, car un fil est débranché, et demander quel peut être le principe de fonctionnement de l'interrupteur. Suite à une discussion, ils supposent : « Il débranche un fil et les ampoules ne peuvent plus être allumées. »

Étape 2

Pour vérifier cette hypothèse, un interrupteur et un nouveau cordon sont distribués par groupe.

Faire manipuler l'interrupteur seul. Les élèves constatent qu'en fonction de sa position, la continuité du circuit peut ou non être interrompue.

En fonction du niveau de la classe, soit présenter le circuit à réaliser, soit les enfants le découvrent par eux-mêmes.

Dans le second cas, attention au court-circuit : ne pas mettre en parallèle l'interrupteur et l'ampoule. Leur montrer qu'ils ne doivent surtout pas réaliser le circuit ci-contre.

S'assurer que le circuit est bien compris avant de le faire réaliser par chaque groupe.

Non.

Trace écrite

Après avoir réalisé le circuit correct, demander aux enfants de représenter sous forme de deux schémas le circuit avec l'interrupteur coupant le circuit (lampe éteinte) et le circuit en fonctionnement, en s'aidant des dessins simplifiés suivants (les reproduire au tableau ou les photocopier) :

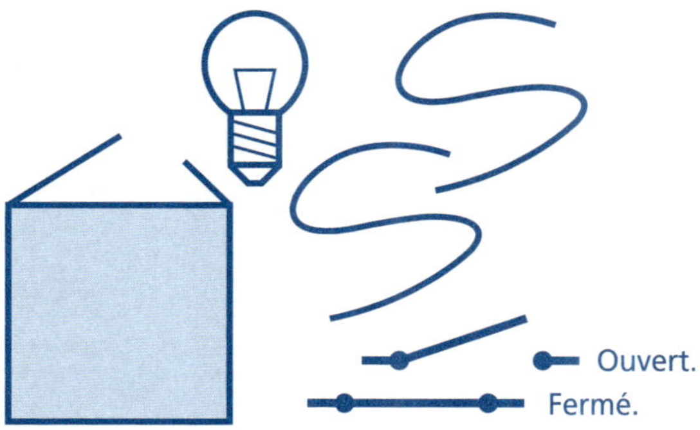

Il est important d'illustrer l'expérience de façon schématique, afin de se familiariser aux représentations scientifiques (comme dans l'expérience précédente).

Inviter ensuite les élèves à réaliser le schéma de l'expérience.

Avec l'aide de l'enseignant ou non, chacun va réaliser les schémas suivants :

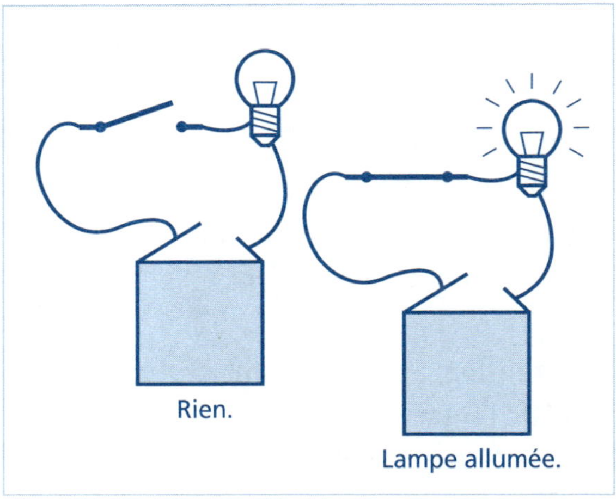

• Prolongement

Il est important, lorsque cela est possible, de réaliser l'expérience suivante dans la continuité de cette activité et de la précédente. Elles permettent en effet de découvrir les bases d'un circuit électrique, puis de les utiliser afin d'effectuer un diagnostic de panne sur un objet technologique.

Une panne de lampe de poche

GS-CP-CE1

Programme : Réaliser des circuits électriques simples pour comprendre le fonctionnement d'un appareil.

Objectif : Utiliser les connaissances acquises sur le fonctionnement d'un circuit électrique simple pour résoudre un problème : une panne de lampe de poche.

Matériel :
- 15 lampes de poche présentant une panne.
- Des lampes neuves.
- Des piles neuves.
- Quelques boîtiers de lampe de poche en état de fonctionnement.
- Un dessin simplifié de la lampe de poche par élève ou par groupe (annexe 19, p. 155).

Déroulement

Distribuer à chaque groupe de deux des lampes de poche ne fonctionnant pas. Elles ont soit une lampe grillée, soit une pile usagée, soit un boîtier défectueux (circuit électrique interrompu ou lames conductrices ne pouvant plus entrer en contact, par exemple au niveau de l'interrupteur).

Étape 1

Avant de vérifier le bon fonctionnement de la lampe, les enfants doivent bien comprendre le principe de ce circuit électrique en observant l'intérieur du boîtier à l'aide du schéma proposé en annexe (soit un schéma par élève, soit un par groupe, sachant qu'ils vont utiliser ce schéma pour la synthèse).

Ils doivent y retrouver les différentes parties de circuit électrique étudié lors des séquences précédentes : la pile, l'ampoule, la douille à vis, l'interrupteur et les parties de la lampe servant de câbles conducteurs.

Au CP et au CE1, il est possible de faire légender ces différentes parties sur le schéma interne de la lampe de poche.

Étape 2

Les enfants essaient de faire fonctionner la lampe et constatent qu'elle n'éclaire pas.

Une discussion est engagée sur les causes possibles de la panne. Différentes hypothèses sont émises : « la pile est morte », « la lampe est grillée », « c'est la boîte qui est cassée »...

Demander quelle est la démarche à adopter afin de découvrir la cause de la panne. Certains enfants vont proposer de tout changer, mais on ne connaîtra pas alors l'origine de la panne. D'autres vont suggérer de changer une seule de ces pièces ou de vérifier individuellement le fonctionnement de chacune des pièces.

C'est cette dernière démarche qui sera utilisée, car elle permet de repérer directement la cause de la panne. Les enfants vont donc devoir vérifier si la pile, l'ampoule et le boîtier fonctionnent. Au CP et au CE1, ils doivent trouver eux-mêmes comment procéder. En GS, le protocole leur est précisé.

Afin de réaliser les vérifications, mettre à disposition des enfants des ampoules, des piles et des boîtiers neufs.

Puis procéder ainsi :

• La pile : enlever la pile du boîtier, prendre une ampoule neuve et la connecter aux deux pôles de la pile. Si elle s'allume, c'est qu'elle est toujours fonctionnelle ; dans le cas contraire, l'origine de la panne est trouvée.

• L'ampoule : dévisser délicatement l'ampoule du boîtier, prendre une pile neuve et la connecter à l'ampoule de la lampe de poche. Si elle s'allume, c'est qu'elle est toujours fonctionnelle ; dans le cas contraire, les enfants concluent qu'elle est grillée.

• Le boîtier : enlever la pile, dévisser l'ampoule du boîtier supposé défectueux. Prendre un boîtier neuf, y visser l'ampoule et y mettre la pile. Le fait que la lampe fonctionne montre que la panne provient du boîtier.

Remarque

Il est préférable en GS, afin de simplifier l'activité, de n'envisager que deux types de pannes, celles de l'ampoule et de la pile.

Trace écrite

En synthèse, les élèves entourent en rouge sur le schéma de la lampe (représenté en annexe) l'origine de la panne : l'ampoule, la pile ou le boîtier.

Annexes

Exemples de cartes de France anciennes et récentes

❶ Carte de la France en 1453.

Exemples de cartes de France anciennes et récentes

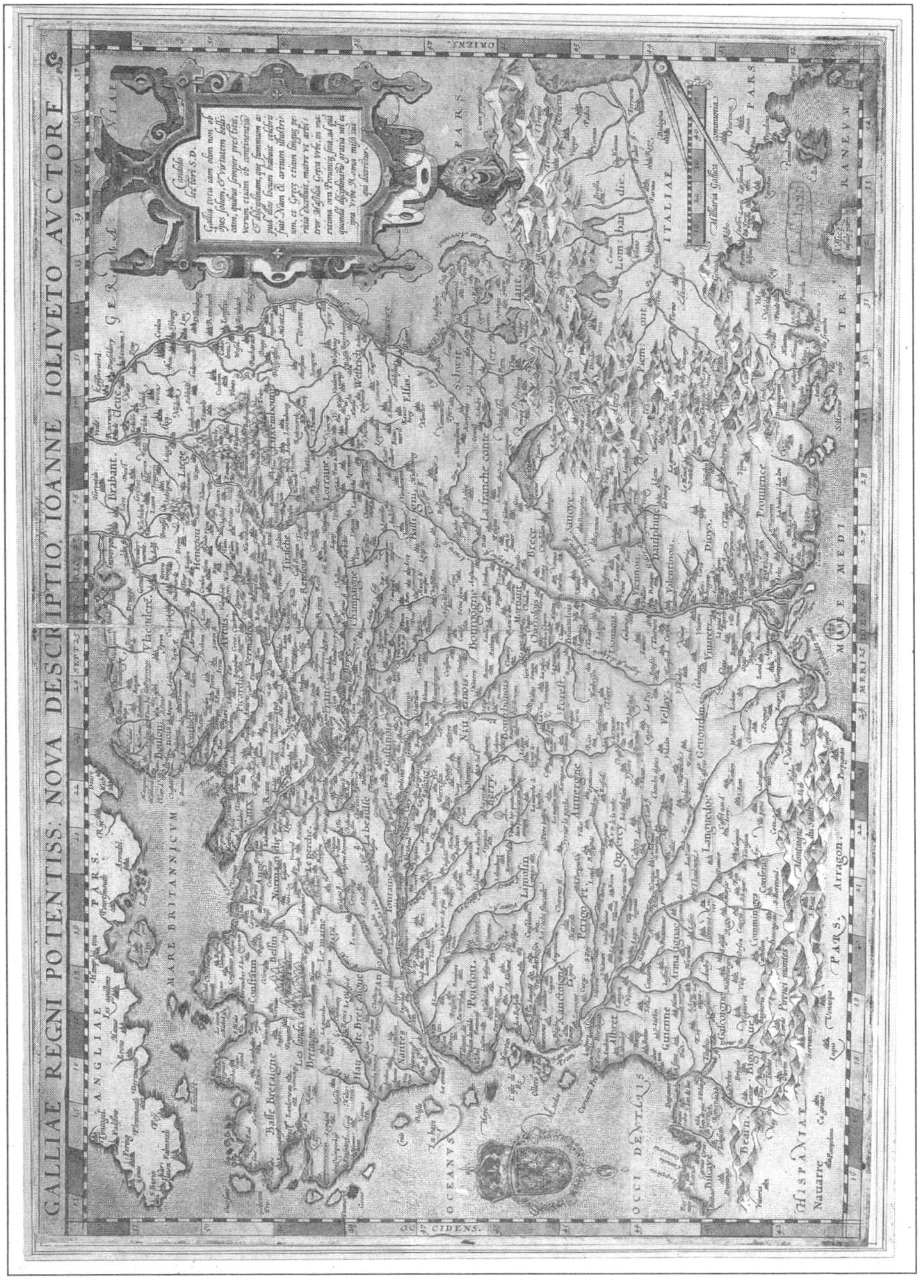

© BIS / Ph. Coll. Archives Nathan.

❷ Carte de la France datée de la Renaissance (XVIe siècle).

Exemples de cartes de France anciennes et récentes

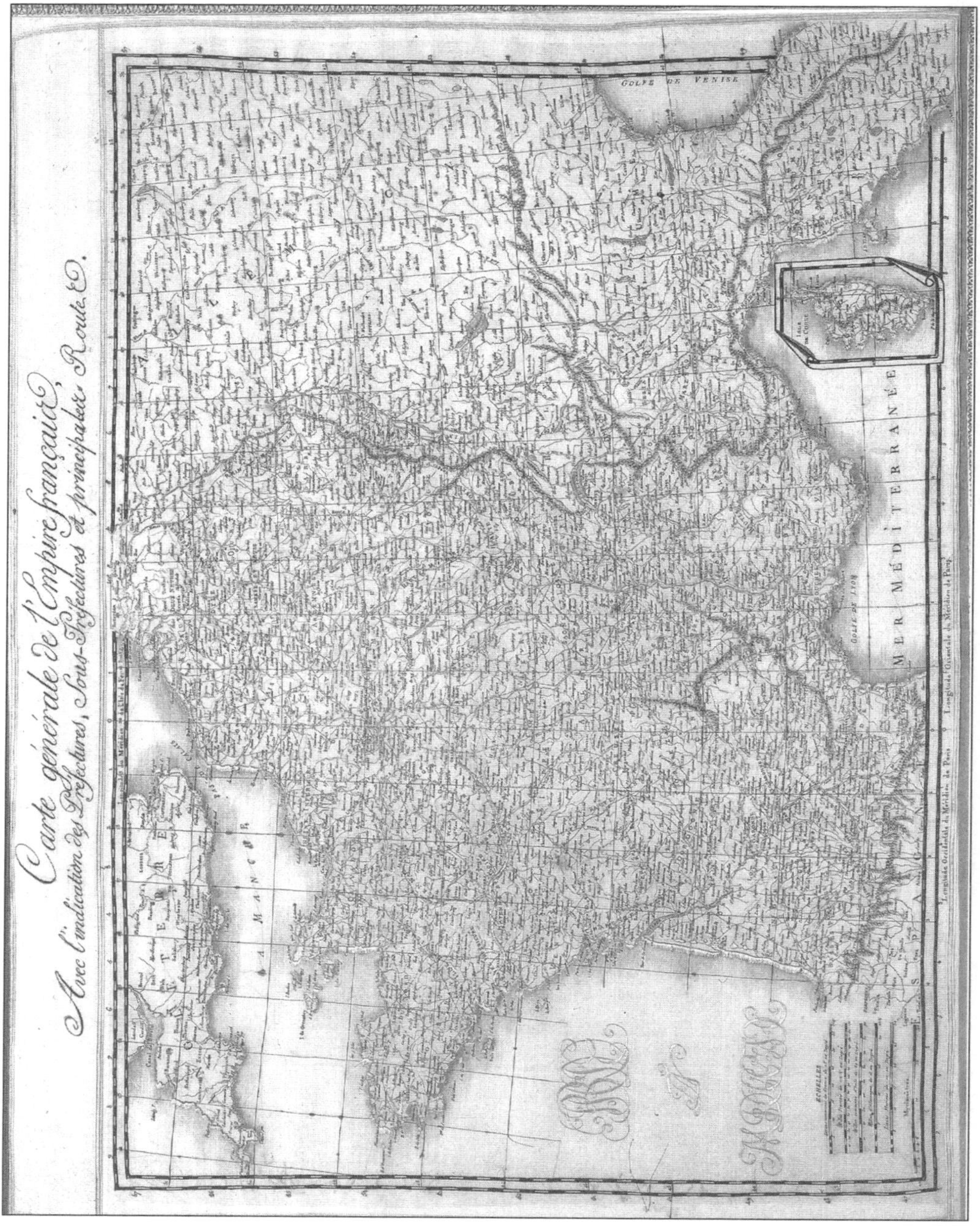

3 Carte de l'Empire français (XIXe siècle)

Exemples de cartes de France anciennes et récentes

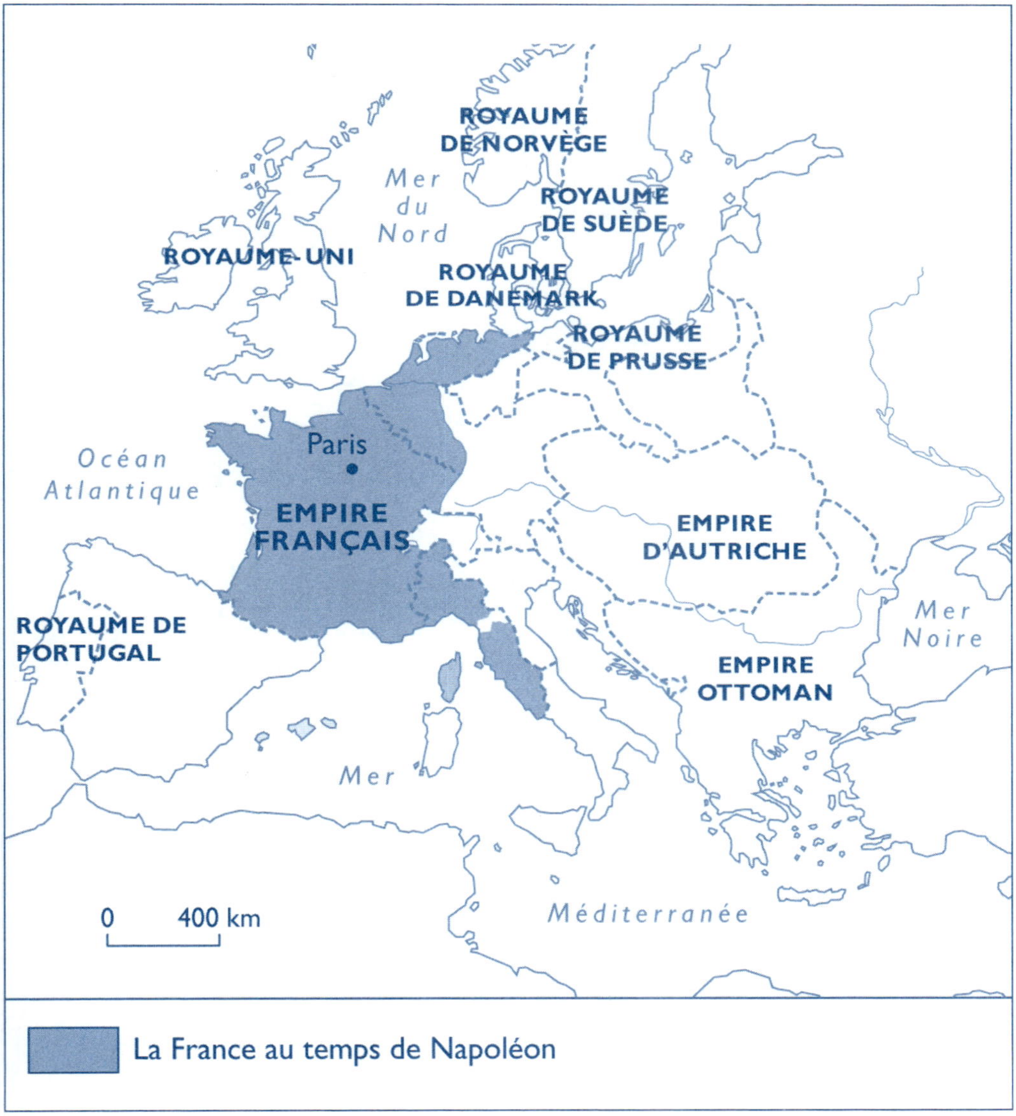

❹ Carte de l'Empire français vers 1811.

Exemples de cartes de France anciennes et récentes

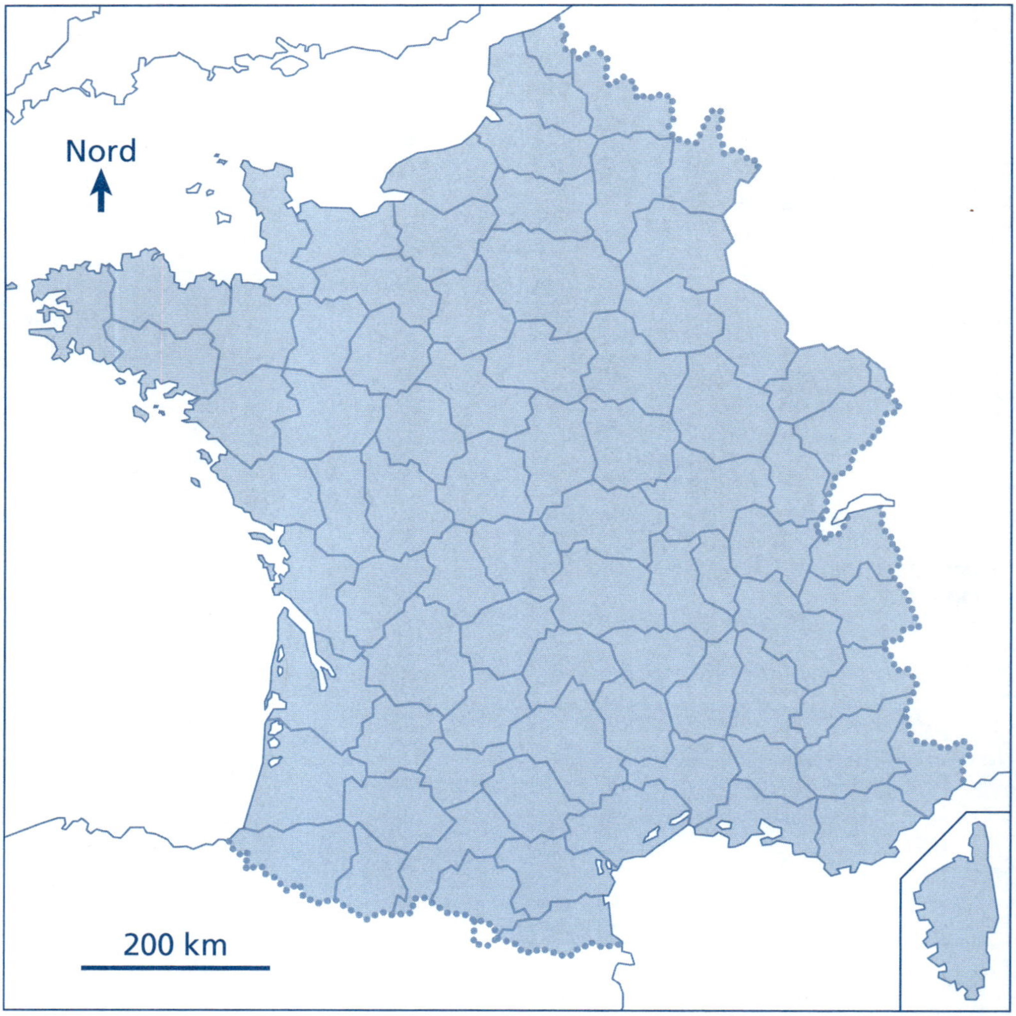

❺ Carte de la France en 1871.

Exemples de cartes de France anciennes et récentes

❻ Carte de la France actuelle.

Nom : ....

Des objets pour mesurer le temps

Relie chaque objet à la manière dont il mesure le temps.

Donne l'heure. ●

Mesure une durée. ●

Mesure « le temps qu'il reste ». ●

Nom : ....

La fleur disséquée (GS)

Découpe chaque partie et reconstitue la fleur.

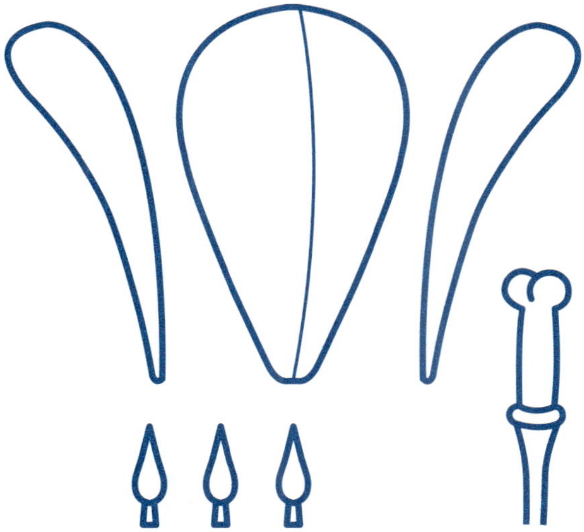

Découpe chaque partie et reconstitue la fleur.

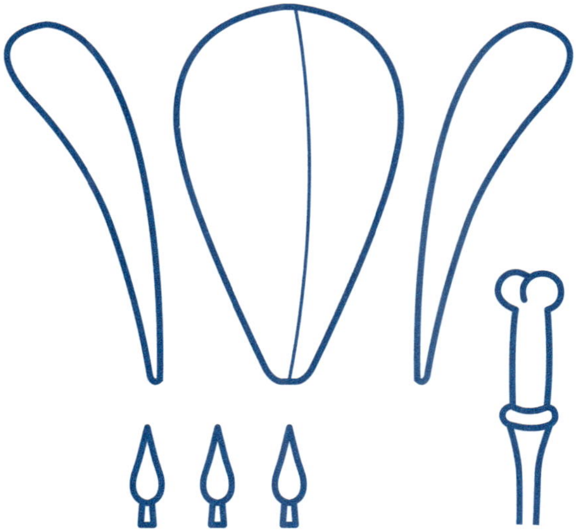

Nom : ....

La graine (GS-CP)

Relie par un trait chaque partie de la graine au rôle qui lui correspond.

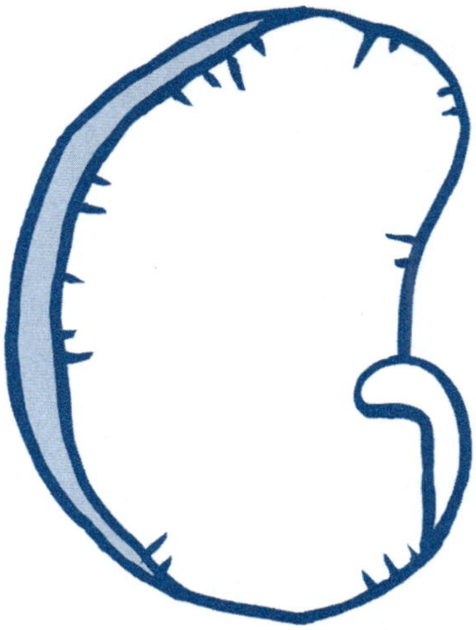

Nom : ....

La graine (CP-CE1)

- **Observe cette graine de haricot.**
- **Légende chaque partie de la graine : indique son nom (*embryon, cotylédon* et *tégument*) et précise son rôle.**

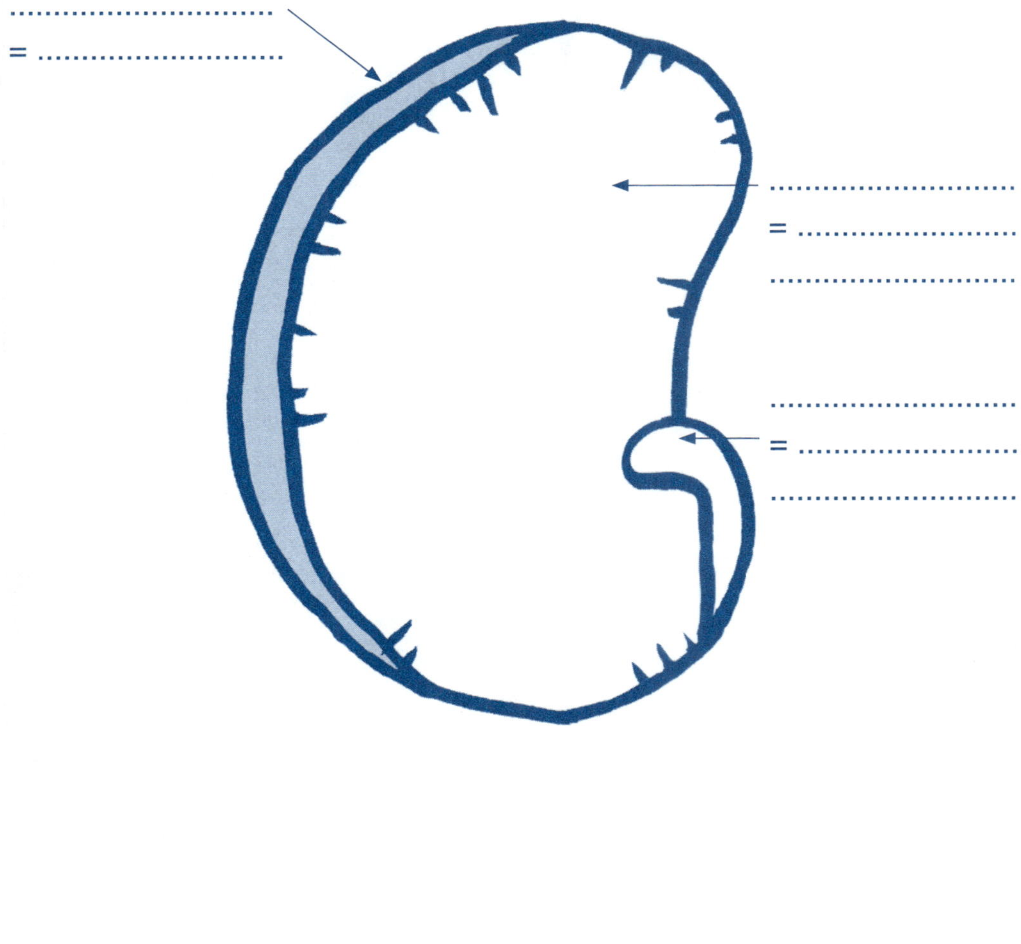

Nom : ....

Résultats des expériences (GS-CP)

• Dans la 3e ligne du tableau, inscris « + » quand la graine germe ; sinon inscris « – ».

• Dans la 4e ligne, découpe et colle la bonne vignette.

Nom : ....

Résultats des expériences (CE1)

• Dans la 3e ligne du tableau, inscris « + » quand la graine germe ; sinon inscris « – ».

• Dans la 4e ligne, rédige une phrase de conclusion.

Hypothèse	Nécessité de lumière	Nécessité d'eau	Nécessité de chaleur	Expérience témoin
Expérience	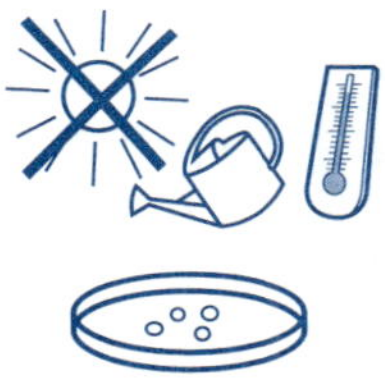			
Résultat				
Conclusion				

Nom : ....

Le phasme

- **Relie par un trait le phasme à ses différents organes.**
- **Découpe et colle chaque vignette « rôle » à côté de l'organe qui lui correspond.**

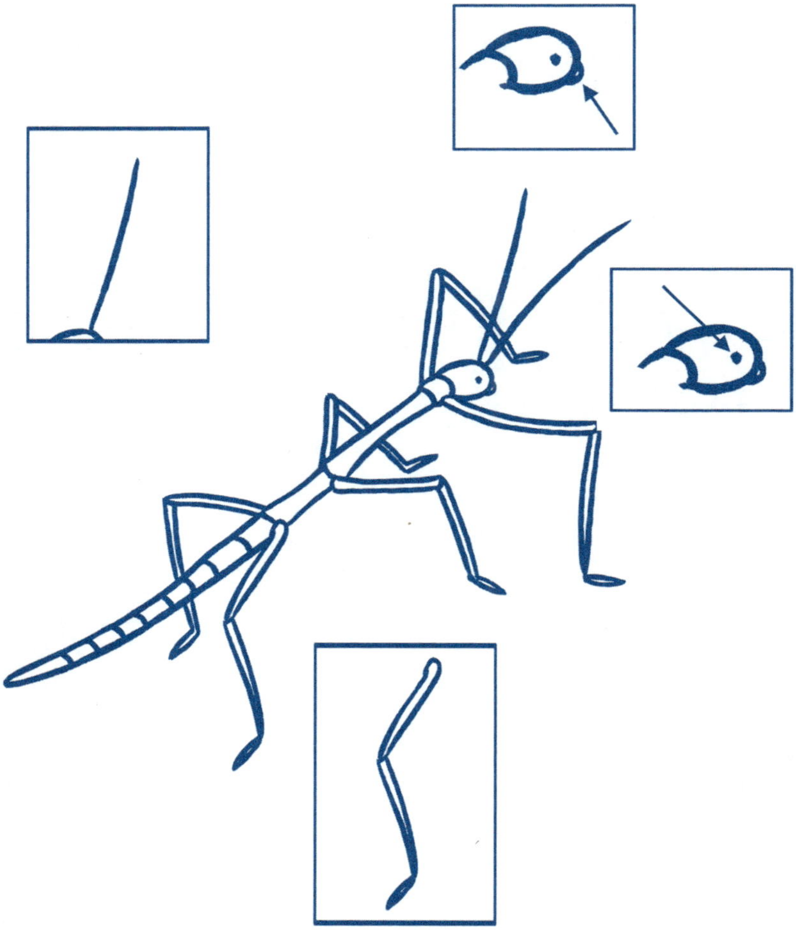

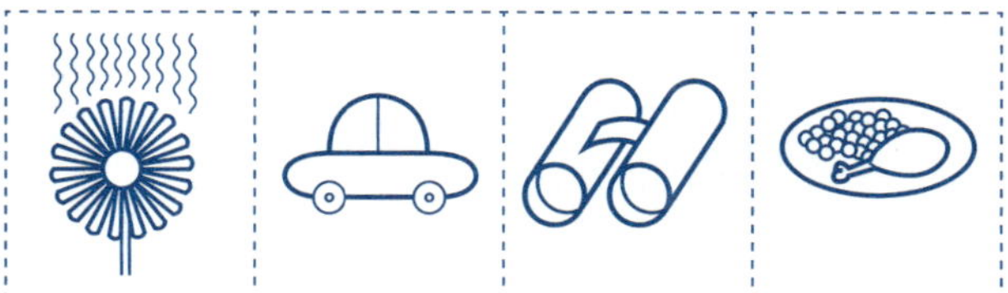

Nom : ....

Résultats des expériences (GS-CP)

- **Inscris « + » dans la 3e ligne du tableau, quand la plante pousse ; sinon inscris « – ».**
- **Découpe et colle la vignette qui convient dans la 4e ligne du tableau.**

	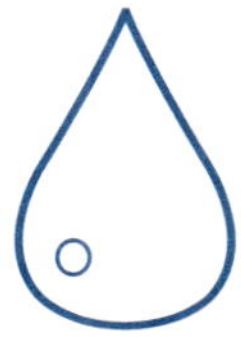	

Nom : ....

Résultats des expériences (CE1)

• Inscris « + » dans la 3e ligne du tableau, quand la plante pousse ; sinon inscris « – ».

• Rédige une phrase de conclusion dans la 4e ligne du tableau.

Hypothèse	Nécessité d'eau	Nécessité de lumière	Expérience témoin
Expérience			
Résultat			
Conclusion			

Nom : ....

Préparation des pots de germination

Nom : ....

Le rôle des organes de la plante (GS-CP)

- **Relie par un trait la plante à ses différents organes.**
- **Découpe et colle chaque étiquette « rôle » à côté de l'organe qui lui correspond.**

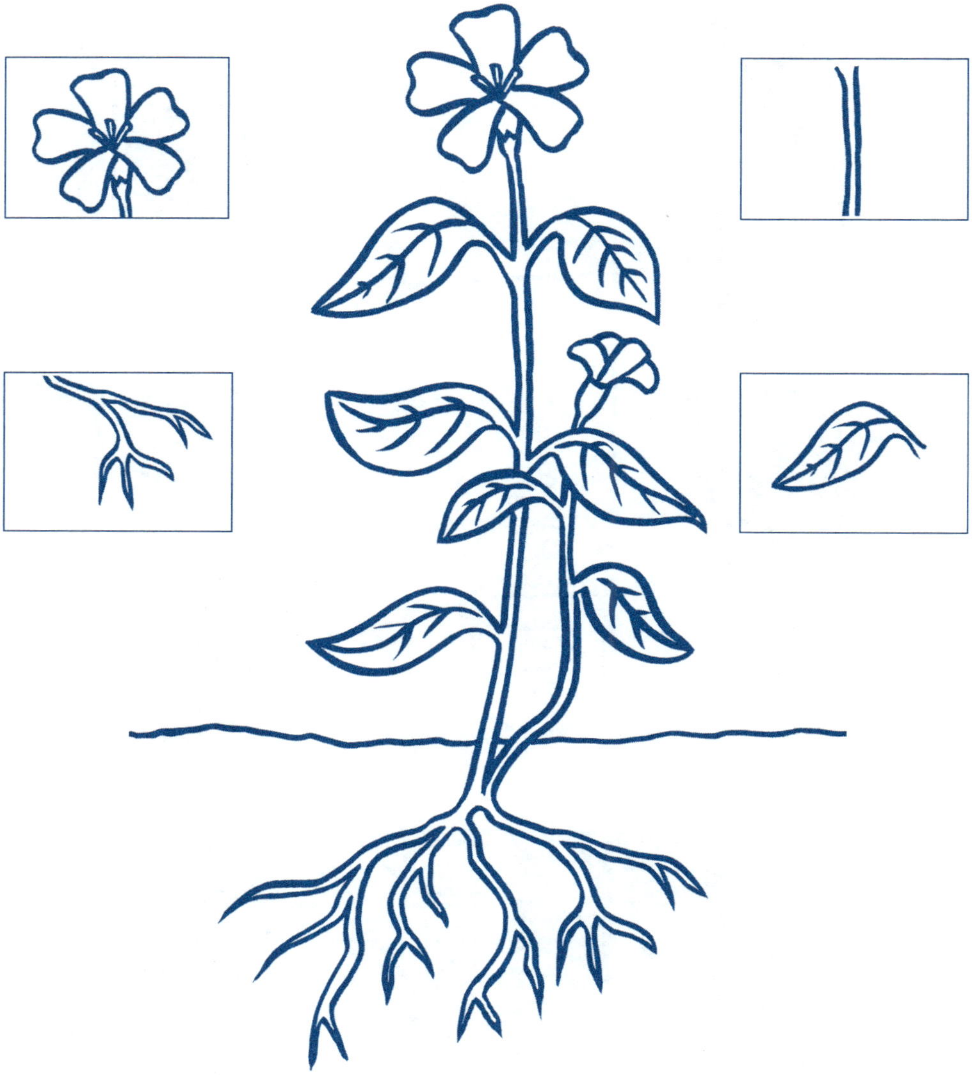

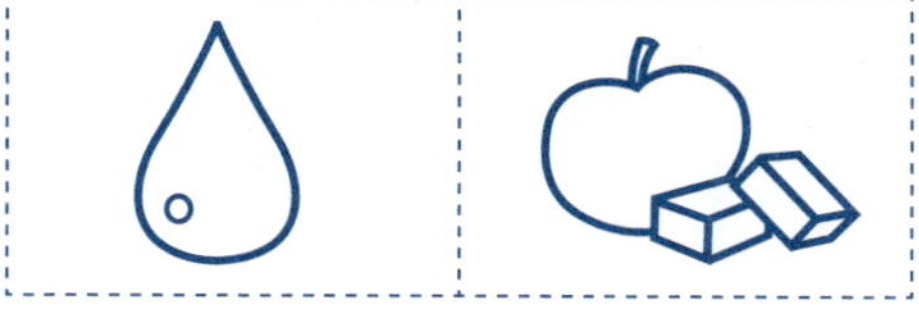

Nom : ....

Le rôle des organes de la plante (CP-CE1)

- **Indique le nom de chaque organe.**
- **Découpe et colle chaque étiquette « rôle » à côté de l'organe qui lui correspond.**
- **Dessine le trajet de l'eau : en bleu, des racines aux feuilles ;**

en rouge, des feuilles aux racines.

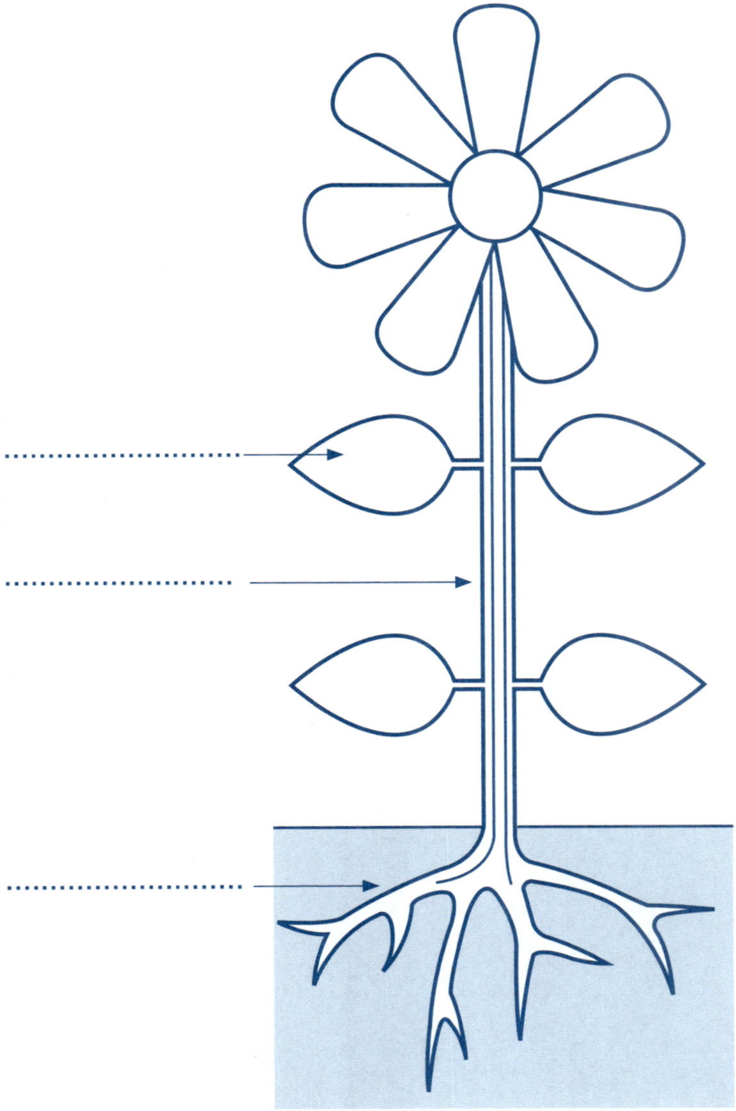

Nom : ....

Que font ces animaux durant l'hiver ?

• Dans la 2e colonne, inscris « + » si l'animal est présent en hiver et « – » s'il est absent.

• Découpe et colle dans la 3e colonne les vignettes correspondant aux comportements de ces animaux durant l'hiver.

Animal étudié	Présence en hiver	Comment passe-t-il l'hiver ?
Écureuil 		
Scarabée 		
Hirondelle 		
Hérisson 		
Mésange 		

Nom : ....

La plante à fleurs (GS)

Découpe et colle chaque étiquette « organe » à l'endroit qui convient.

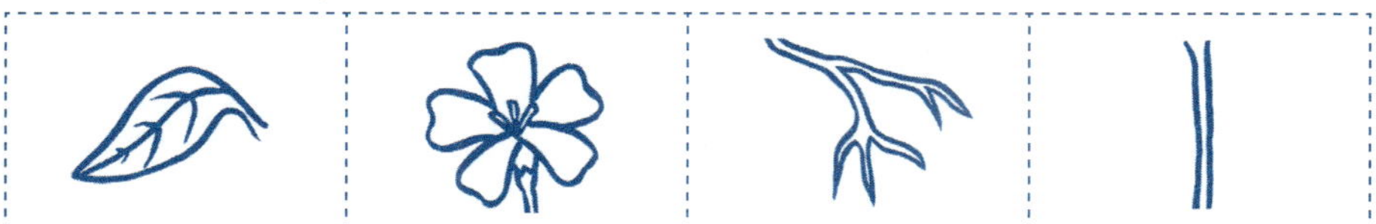

Nom : ....

La plante à fleurs (CP-CE1)

Écris le nom des organes de la plante à l'endroit qui convient :
feuille, fleur, racines, tige.

Nom : ....

Les règles d'hygiène à l'école (GS)

Inscris un « + » si le geste est bon pour l'hygiène et inscris un « – » s'il ne l'est pas.

Le corps								

Les locaux								

Nom : ....

Les règles d'hygiène à l'école (CP-CE1)

Inscris un « + » si le geste est bon pour l'hygiène et inscris un « – » s'il ne l'est pas.

		Arrivée à l'école	Activité en classe	Récréation du matin	Repas	Activité en classe	Récréation de l'après-midi	Activité en classe
Le corps	Se laver les mains.							
	Se brosser les dents.							
Les locaux	Jeter à la poubelle.							
	Jeter par terre.							
	Écrire sur la table.							
	Cracher par terre.							
	Essuyer la table.							
	Faire pipi à côté.							
	Tirer la chasse d'eau.							
	Jeter son chewing-gum.							
	Essuyer la table à la cantine.							

Nom : ....

Le schéma de la lampe de poche

Entoure en rouge sur ce dessin l'origine de la panne.

Glossaire

• **Autotrophe** : Les êtres vivants autotrophes sont capables de fabriquer eux-mêmes leur matière organique. Ils n'ont pas besoin de manger. Ce sont les végétaux.

• **Carnivore** : Animal ne se nourrissant que de matière organique d'origine animale (exemples : le lion, la chouette).

• **Cotylédon** : Partie de la graine contenant les réserves qui vont lui permettre de se développer, suite à la germination. (Après la formation des premières feuilles, c'est la photosynthèse qui prend le relais et qui fournit la matière organique nécessaire à sa croissance.)

• **Embryon** (*chez les végétaux*) : Partie de la graine qui permet de former une nouvelle plante. Il est le plus souvent constitué d'une racine et de deux petites feuilles minuscules.

• **Engrais** : Produit liquide ou solide contenant des sels minéraux nécessaires au bon développement d'une plante.

• **Être vivant** : Il a la capacité de se reproduire, de grandir et de produire lui-même l'énergie nécessaire à son bon fonctionnement.

• **Glucose** : Molécule organique essentielle aux êtres vivants. Il est utilisé lors de la respiration et il est produit lors de la photosynthèse.

• **Herbivore** : Animal ne se nourrissant que de matière organique d'origine végétale (exemples : la vache, le chevreuil).

• **Hétérotrophe** : Les êtres vivants hétérotrophes ne peuvent pas produire eux-mêmes de la matière organique. Ils s'en fournissent en mangeant, comme les animaux, ou en poussant sur de la matière organique en décomposition, comme les champignons.

• **Matière organique** : Matière fabriquée par les êtres vivants. Les muscles, les plumes, les feuilles des arbres ou le bois sont constitués de matière organique.

• **Photosynthèse** : Mécanisme qui permet aux plantes de fabriquer elles-mêmes leur nourriture (la matière organique sous forme de glucose) en utilisant de l'eau, du dioxyde de carbone (CO_2) et la lumière du soleil.

• **Omnivore** : Animal se nourrissant de matière organique d'origine végétale et animale (exemples : l'homme, le sanglier).

• **Recyclage** : Suite à un tri des déchets dans les poubelles sont recyclés certains déchets permettant la fabrication de nouveaux produits (exemple : fabrication de laine polaire à partir de bouteilles en plastique).

• **Repiquage** : Technique consistant à replanter en pleine terre de jeunes plantules qui se sont développées en pot dans une serre ou en classe.

• **Respiration** : Mécanisme qui permet aux êtres vivants de produire l'énergie nécessaire à leur fonctionnement. Elle consomme du glucose ainsi que du dioxygène (O_2) et rejette de l'eau et du dioxyde de carbone (CO_2).

• **Sève** : Liquide circulant par des vaisseaux dans la plante. Elle permet d'approvisionner les différentes parties de la plante en substances nutritives.

• **Tégument** : Enveloppe protectrice de la graine.

• **Tri sélectif** : Lors du tri sont sélectionnés les déchets qui peuvent être recyclés, mais aussi ceux qui ne le peuvent pas mais qui sont dangereux pour l'environnement et doivent donc être mis de côté (comme les piles, les huiles de moteur...).

• **Vaisseaux** (*chez les végétaux*) : Tubes permettant la circulation de la sève dans toutes les parties de la plante.

Adresses utiles

Fournitures

Achat d'animaux

• OPIE (Office pour les insectes et leur environnement)

Domaine de La Minière
Chemin rural n° 7 - BP30
78041 Guyancourt Cedex
Téléphone : 01 30 44 13 43
opie@insectes.org

• BIOTOPIA (souris, insectes, etc.)

M. Hartmann
83136 Sainte-Anastasie
Téléphone : 04 94 72 24 38
Télécopie : 04 94 72 26 56

• Les jardins du Brisard (insectes)

Z.A.I.
85150 La Chapelle-Achard
Téléphone : 02 51 05 64 63
Télécopie : 02 51 05 64 65
http://www.jardins-du-brisard.com/

Matériel de laboratoire, animaux

• Jeulin SA

Rue Jacques-Monod, ZI n °1, Nétreville
BP 1900
27019 Évreux Cedex France
0825 563 563
www.jeulin.fr

• **Pierron Éducation**
2 rue Gutenberg
57206 Sarreguemines Cedex France
Téléphone : 0825 37 38 39
www.pierron.fr

• **Sordalab**
15 avenue des Grenots
91150 Étampes
Téléphone : 01 69 92 26 72
www.sordalab.com

Publications

La Hulotte
8 rue de l'Église
08240 Boult-aux-Bois
Téléphone : 03 24 30 01 30

Sites Internet (pour le jardinage)

- www.gerbeaud.com : site offrant de nombreux conseils autour du jardin.
- www.graines-et-plantes.com : site comportant des informations pratiques sur la réalisation d'un jardin écologique.
- www.gnis.fr : site proposant un calendrier du potager clair et pratique.
- www.au-potager.com : site proposant un calendrier, des recettes pour fabriquer des traitements « bio », de nombreux conseils...
- www.jardin-a-manger.com : site donnant des informations sur la culture des légumes tout en y associant des recettes de cuisine. Une partie intéressante sur les fleurs à cultiver... et à manger.

Illustrations : Anne Horrenberger

Direction éditoriale : Sylvie Cuchin
Édition : Charlotte Aussedat
Réalisation : AGD
Relecture : Gérard Tassi

N° de projet : 10174999 - Dépôt légal : août 2011
Achevé d'imprimer en France en août 2011
sur les presses de la Nouvelle Imprimerie Laballery
Numéro d'impression : 107210

Le papier de cet ouvrage est composé de fibres naturelles, renouvelables, fabriquées à partir de bois provenant de forêts gérées de manière responsable.

La Nouvelle Imprimerie Laballery est titulaire de la marque Imprim'Vert®